KB189013

더 퀴닝

초판 1쇄 발행 | 2025년 3월 25일

지은이 이대욱
발행인 한명선

책임편집 김수경
제작총괄 박미실
디자인 모리스

주소 서울시 종로구 평창길 329(우편번호 03003)
문의전화 02-394-1037(편집) 02-394-1047(마케팅)
팩스 02-394-1029
전자우편 saeum2go@hanmail.net
블로그 blog.naver.com/saeumpub
페이스북 facebook.com/saeumbooks
인스타그램 instagram.com/saeumbooks

발행처 (주)새움출판사
출판등록 1998년 8월 28일(제10-1633호)

ⓒ 이대욱, 2025
ISBN 979-11-7080-068-2 03320

평범한 직장인은 어떻게 부를 쌓을 수 있는가?

더 퀴닝

THE
Quee
ning

이대욱 지음

새움

PART 1

체스보드 격변의 세상
AI시대 누가 체스 판의 승자가 되는가?

PART 2

기초 작업
원하는 목표를 이해하는 핵심적인 방법

PART3

퀸사이드Queenside
앞서가는 기초 커리어 성장은 이렇게 하자

PART4

킹사이드Kingside
관리자로서 성장한다면 리더도 될 수 있는 것 아닌가?

추천글

이 책은 멘토의 마음으로 폰Pawn이 퀸Queen으로 거듭나도록 성장의 여정을 이끌어준다. 나아가 지은이가 직접 겪은 삶의 스토리를 통해 귀한 솔루션을 제시한다. 리얼 스토리와 전략적 솔루션! 당신의 성공을 위한 가장 현실적이고 강력한 게임 체인저가 될 것이다.

김용수 세일즈 그로스코치 & 투비컴택 부사장

'왜 나만 고생하는가?'라는 현대인의 절박한 물음에 답하는 책이다. 영국 의대 출신이자 글로벌 기업 임원인 저자의 풍부한 경험을 바탕으로, 냉혹한 자본주의 사회에서의 실전 생존전략을 제시한다. 특히 'ESQ 시대'와 '뉴타입' 개념을 통해 이타성과 성공이 공존하는 새로운 패러다임을 제시하며, 자산 관리와 네트워킹까지 현장에서 검증된 노하우를 전한다는 점이 정말 귀한 인사이트다.

김구화 Chaevi 인사팀장, 전 삼성물산 HR

"나의 청년 시절에 이 책이 있었다면 인생이 어떻게 달라졌을까" 하는 상상을 해보게 된다. 저자가 제시하는 인생 전략은 닫혀 있던 생각을 열어주는 힘이 있다. 갈수록 멘토를 찾기 어려운 이 시대에 누군가의 조언이 필요하거나 어려운 일이 있다면 먼저 이 책을 꺼내 보기를 추천한다.

김지홍 주)풀무원 DX전략담당 상무

성공한 사람들의 이야기는 많다. 그러나 그들의 이야기는 가난했던 '출발'과 성공한 '결말'에만 집중하고, 과정인 '노력'은 그저 '열심히'로만 표현한다. 첫 장에서 보이는 차가움은 곧 당신의 심장을 뜨겁게 만들어 줄 것이다. 성공을 현실로 만들고 싶어하는 많은 분들에게 이 책을 강력하게 권한다.

김우재 작가, 글쓰기 코치

실전에서 배운 경험과 통찰이 담긴 현대인의 가이드북이다. 이 책은 단순한 에세이나 자기개발서가 아닌, 직장인과 사업가 모두에게 필요한 매뉴얼북에 가깝다. "왜, 열심히 하는데 나만 성과가 없을까?" 누구나 할 수 있는 고민에 대한 명쾌한 해답이 이 책에 소개되어 있다.

김보경 《B2B 마케팅으로 밥먹고 살기》, 《구글 SEO 상위노출 100일 정복》의 저자, 강사

현재 다음 커리어를 고민하는 분들, 거대한 가능성의 문을 두드리고 싶은 사람들이라면 꼭 읽어야 할 필독서이다. 뜨거운 도전 정신을 다시 일깨워 줄 것이다.

한용경 Turning Point MEA 대표, 중동 비즈니스 전문가

이 책을 MZ 세대판 세이노의 가르침이라 부르고 싶다. 읽고, 느끼고, 실행하라. 오늘보다 더 나은 삶을 살 수 있는 기회가 이 책에 있다.

최정순 호명 T&C 대표

하나의 수식어로 인간 이대욱을 설명해야 한다면 나는 '지극하다'를 선택하겠다. 만일 또 하나의 단어가 허락된다면 '성실하다'를 택하겠다. 삶과 사람을 지극하게 대하고, 가정과 직장에서 성실하게 퀴닝의 성장을 이뤄온 그의 책이, 삶의 이야기가 잔잔하고 뜨끔하게 마음을 두드린다.

이채희 베링거 인겔하임 아시아 태평양지부, APAC Integrated Learning Lead

이 책에는 전재산 4만 원에서 글로벌 헬스케어 기업 임원까지 직접 경험한 성장 과정이 솔직하게 담겨 있다. 전쟁터 같은 비즈니스 현장에서 검증된 레시피를 따라가다 보면, 자신만의 퀴닝 시스템을 만들 수 있을 것이다.

김유경 블루노트 대표

전쟁터와 같은 직장생활에서 방황하는 이들에게 이 책을 권한다. 저자가 고군분투하여 얻은 노하우는 여러분에게 성공 방정식을 가져다 줄 것이다. "Just Read and Get it."

김기수 《무엇이 기업을 성장케 하는가》, 《마운드의 지배자 경영을 이야기하다》의 저자, 삼성전자 수석 엔지니어

복잡하게 얽혀 있는 현실 속에서 가장 두려운 일은 길을 잃는 것이다. 이 책은 특히 직장인 여러분에게 가야 할 길을 가르쳐주고, 지금 해야 할 것들을 알려주는 소중한 책이다.

이재호 《일잘하는 팀장》의 저자

시련 속에서도 끝없이 희망의 빛을 발견하고자 하는 모든 이들에게 이 책을 권한다. 더욱 주도적이고 의미 있는 삶을 꿈꾸는 당신에게 이 책은 든든한 나침반이 되어 줄 것이다.

류태섭 '나다움' 마이온(MYOWN) 대표

이 책은 단순한 자기계발서가 아니다. 의학과 비즈니스, 전략적 사고, 그리고 리더십을 겸비한 실질적이며 실용적인 가이드이다. 특히 커리어 전환을 고민하는 직장인과 전문가들, 바이오·헬스케어 및 의학 분야의 연구자, 벤처 창업을 고민하는 분들에게 유용한 방향성을 제시할 것이다.

리시연 미국 스탠퍼드 대학교 교수

"현실에 안주하지 않고 끊임없이 도전하는 용기!" 한계를 뛰어넘은 그의 이야기는 현실의 벽 앞에 멈춘 이들에게 새로운 용기와 방향을 제시한다.

전준수 전 이랜드 최고인사책임자, 멘토라이브러리 대표

냉혹한 자본주의 사회에서 자신과 가족의 존엄성을 지키고 싶은 사람이라면 이 책을 읽어보길 권한다. 그야말로 이 차가운 자본주의 사회에서 살아남아 자신과 가족을 지키는 우리 시대 '프로텍터'의 표상이기 때문이다.
이주호 고운세상 코스메틱 대표

이대욱 작가의 《더 퀴닝》은 오늘날 복잡한 자본주의 세계에서 성공적으로 살아남기 위한 강력한 가이드를 제공한다. 평범함을 뛰어넘어 성공을 새롭게 정의하고자 하는 모든 이들이 반드시 읽어야 할 필독서이다.
The Queening' by Lee Dae-wook offers a powerful guide for thriving in today's complex capitalist world. This is a must-read for anyone seeking to rise above the ordinary and redefine success.
프랑크 메르켈Frank Merkel 생명과학 기업 대표Life Science CEO

이 책은 전통적인 성공의 길에 도전하며 안주하지 않는 이들을 위한 새로운 시스템을 제시한다. 이대욱 작가는 노력의 가치를 기하급수적인 성장으로 전환하는 강력한 로드맵을 제공한다. 평범함에서 벗어나고자 하는 야심찬 전문가들이 반드시 읽어야 할 필독서이다.
This book challenges the traditional path to success and offers a system for those who refuse to settle. Dae Wook Lee provides a compelling roadmap for turning effort into exponential growth, making it a must-read for ambitious professionals ready to break free from the ordinary.
마이클 R. 카Michael R. Carr
미국 토마스 모어 대학교 마케팅 교수Professor of Marketing, Thomas More University, U.S.

일러두기

본문에 인용한 참고문헌의 서지정보는 뒤쪽에 따로 정리해 두었습니다.
국내에서 출판된 외서의 저자명과 제목은 한글로만 표기했습니다.

당신 안에는 아직도 그 뜨거움이 있는가?

내 이야기를 조금 해볼게. 외국에서 학창시절을 보낸 어느 빌런의 이야기라고나 할까?

10대의 나는 모두가 인정하는 문제아였어. 단순한 문제아가 아닌 모두가 '인정하는' 구제불능의 불량학생이었어. 이런 얘기를 하면 일부러 더 과장해서 쓰는 거 아니냐고 말하는데, 미리 솔직하게 말할게. 사실은 책이라서 훨씬 순화해서 썼어.

나는 초등학교 때까지는 그래도 잘사는 집의 맏이였어. 건설회사 두 개를 운영하던 우리 집은 굳이 IMF를 원인으로 하지 않더라도 두 번 부도가 난 뒤 여러 나라를 떠돌게 되었어. 깊이 이해하지는 못했지만 경제적 여건이 얼마나 중요한지, 어린 나이에도 조금씩 깨닫게 되었지. 급기야 부모님은 나와 3살 터울의 남동생을 덩그러니 외국에 두고, 수습을 위해 한국에 들어가시는 일도 자주 생겼어.

당시 나는 영어를 거의 못하는 초등학생 수준이라 국제학교마다 입학을 거절당했고, 동생은 저학년이라 입학은 가능하여 등원만 겨우 하고 있던 상태였지. 10대의 어린 나이였는데도 그 당시 나는 나에게 이미 희망이 없다는 것을 알았어.

그래서 더 문제아처럼 방황하고 주변 모든 사람들과의 소통을 단절했지. 그렇게 생활하면서도 아이러니하게도 동생의 진로만큼은 지켜줘야 한다는 마음이 있었어. 동생에게 얼마 없는 생활비를 점심값으로 쥐어주고, 종일 혼자 집에 멍하니 앉아 동남아말로 나오는 현지 TV를 보고 있었지. 그렇게 약 1년 반이 지났어.

그러던 어느 날, 서울에서 혼자 돌아오신 어머니는 낯빛이 많이 어둡고 불안해 보였어. 횡설수설하시는 말을 들어보니, 수습하려고 했던 일이 잘 해결되지 않아 아버지는 신용불량자가 되어 출국도 어려운 상태였어. 불안해하던 어머니는 어느 날, 임시 거주하던 집의 거실을 빙글빙글 돌다가 갑자기 입에 거품을 물고 쓰러져 의식을 잃었어. 눈동자도 뒤집혀 있었지.

지금이야 대학병원에서 일하면서 수많은 환자들을 봤지만, 당시 10대인 나에게 그 모습은 평생 트라우마를 남길 만큼 충격적인 장면이었지. 정신이 안 돌아오는 어머니를 울면서 얼마나 흔들었는지 모르겠어. 십여 분 만에 의식이 돌아온 어머니를 침실에 뉘고, 그 옆에 걸터앉아 저녁이 될 때까지 한참을 울었던 기억이 선명해.

더 나빠질 것이 없는 상황이었지만 뭔가를 배워야 할 것 같았어. 그래서 학원 같은, 현지 공업고등학교에서 몇 명 모집하는 외국인 전형에 지원하여, 어설프지만 영어를 배우기 시작했어. 그때 다른 불량학생들과 어울렸고 급기야 큰 싸움이 벌어졌어. 하필이면 그날, 겨우 몸이 회복된 어머니가 물건을 갖다 주러 오셨지. 그때 얼굴이 터지고 이곳저곳 엉망이 된 아들을 발견한 거야.

어머니가 항의하려고 교장실에 들어갔어. 그런데 교장은 쌍방과실에 내가 더 잘못이 크다며 가해학생에게 오히려 사과를 하라고 했지. 나는 그 모든 말을 이를 악물고 떠듬떠듬 통역했어. 의기양양해진 가해학생은 우리 어머니께 아들 교육을 잘못 시켰으니 대신 사과하라고 했어. 무릎을 꿇고 말이야.
어머니는 외국인 교장과 가해학생, 아들인 내 앞에서 무릎을 꿇고 그 학생에게 죄송하다고 정중하게 사과했어. 나는 이를 악물며 지켜보았지.

비참하고 처참했어. 교장실을 나와서 터덜터덜 걸었지. 그때 어머니가 입을 열었어.
"우리 차나 한 잔 마시러 갈까?"

잠시 뒤에 우리는 당시 손꼽히는 최고급 호텔의 카페에 함께 앉았어. 잘 차려입은 사람들 사이에서 나 혼자 피 묻은 낡은 회색 교복을 입고 있었지. 메뉴를 보니 당시 물가로도 커피 한 잔에 4만 원이 넘었어. 어머니는 걱정 말고 마시고 싶은 음료를 시키라고 하셨어.

음료를 마시는데 입속이 다 터져서 너무 쓰라렸지. 그런 나를 물끄러미 바라보시던 어머니가 문득 위를 보라고 하셨어. 나는 고개를 들어 천장을 바라보았어. 웅장한 조각 사이로 화려한 조명과 샹들리에가 번쩍거렸지. 나의 세계와는 너무나도 동떨어져 보였어. 그때 내 삶을 바꾼, 전율이 흐르는 한 마디를 들었어.

"대욱아, 우리가 지금 이대로 주저앉으면 이런 상황을 벗어나지 못하고 그저 하루하루 살겠지. 그렇지만 만약 힘들어도 우리가 조금 더 노력한다면, 언젠가는 저 멋진 샹들리에 아래 방들 중에 우리 가족의 자리가 하나 있을지도 모르지. 너는 어떤 삶을 살고 싶니?"

그때 나는 공부만이 내 삶을 바꿀 수 있다는 것을 직감했어.
그로부터 몇 달 뒤, 나는 어머니께 얼마 남지 않은 생활비를 조금만 더 지원해달라고 해서, 마지막으로 12군데 정도의 국제학교에 입학원서를 내게 돼. 그리고 11군데의 학교에서 거절당하지. 그러다가 마지막 한 곳에서 원어로 진행되는 국제고등교육 2학년 전 과정을 통과하겠다는 전제로 조건부 입학허가를 받게 되었어.

처음 동남아시아의 국제학교에 입학시험을 쳤을 때, 초등학교 수

준의 영어라는 부끄러운 평가를 받았어. 고등학교 문턱조차 넘을 수 없는, 입학조차도 거절당한 상처들이 당시 나의 내면을 가득 채우고 있었어. 그러던 중 기적과 같이 찾아온 유일한 학교. 높은 문턱의 조건부 입학은 내 마지막 기회였어. 나는 태어나서 처음으로 잠자는 시간까지 줄여가며 공부에 매달렸고, 그 결과 2년 만에 대학 입학 자격시험인 IB-International Baccalaureate를 우수한 성적으로 통과할 수 있었어.

항상 사회와 환경 탓을 하며 불평만 하던, 1년 넘도록 외국에서 학생이라는 신분증도 없는 희망 없던 내가 처음으로 이룬 소중한 성과였어.

그 작지만 소중한 성과를 통해 영국에 있는 대학에서 입학 허가를 받을 수 있었어. 그것도 영국 내에서도 항상 Top 10 상위권 안에 드는 명문대학인 워릭Warwick 대학교 의과대학에 진학하게 되는, 말도 안 되는 일이 벌어진 거야.

여기까지는 세상에서 늘 얘기하는 성공 드라마 같은 뻔한 이야기야. 그렇지만 고난과 기적을 넘어선 이후, 실제 현실은 드라마보다 훨씬 더 잔인했지.

재학 당시 전체 졸업생 121명 중 동양인은 나를 포함해서 단 3명뿐이었어. 물론 경제적 여건과 현실은 늘 어려운 고학생이었지. 비싼 파운드화의 물가 속에서 새벽 시장에서 물건을 팔기도 하고, 반려견용 질 낮은 고기를 사서 먹으려 하기도 하고, 친한 한국인 형님의 고등학교 교복을 의대 본과 실습기간 3년 내내 해질 때까지 입고 다녔어. 어떤 날은 마트가 문 닫기 직전에 유통기한이 임박한 떨이 상품들을 사던 중, 마치 영화처럼 영국 노숙자와 가판대에서 같은 상품을 집었다가 힘에 밀려 뺏긴 적도 있었지. 집까지 한 시간 가까이 어린아이처럼 울면서 걸어왔어.

그렇게 고군분투하던 의대시절, 졸업 마지막 2달 간은 결국 월세집을 나와 한인교회 목사님 댁 거실에서 숙식하며 졸업식을 마쳤어. 졸업 후 모교 대학병원에서 높은 연봉 등 여러 유리한 조건들로 나를 잡았지만, 당시 내게는 물심양면 나를 지원해준 사랑하는 지금의 아내가 있었지.

한국에 있던 그 사람과 약 3년 반 동안 떨어져 연애를 하며, 나는 인생에서 가장 중요한 선택을 하게 되었어. 당시 이민국에서 영국 영주권 신청을 요청하는 이메일이 와 있었고, 이미 대학병원 한 곳에서 안정된 수련생활을 예정하고 있던 상황이었지만.

나는 영국에서 이룬 모든 것을 포기하고 지금의 아내를 위해 한국으로 들어가는 길을 선택했어. 그리고 귀국한 나를 기다린 것은 뜨거운 환영 인사가 아닌, 군 복무였지. 나는 병역을 어서 해결하고 싶어서 의무병과 일반병사로 지원을 했고, 29세에 군대에 입대하게 돼. 영국의 의대를 졸업한 지 약 3달 뒤의 일이었어.

처음으로 겪은 사회생활 격인 군대에서 만난 선임은 만 19살이었어. 어쩌면 말로 다 표현할 수 없는 그때의 경험이 지금의 사회생활에 있어서도 큰 자양분이 되었다고 생각해. 결혼 준비와 예비 아내를 위해 나는 군에서 점수를 획득할 수 있는 일은 무엇이든 가리지 않고 했어.

식당 뒤편에 쌓아놓은, 상상도 할 수 없는 악취가 나는 음식 쓰레기를 처리하거나, 사격 훈련 뒤 동기들이 다들 시원한 물을 마시며 쉴 때, 파여 있는 과녁 사로의 흙무더기를 땀과 먼지 범벅이 되어 보수하는 일도 했어.

자격증 시험이 있을 때는 졸음으로 떨리는 눈가를 문지르며, 어떻게든 공부도 했었지. 그래서 사단장 표창을 포함한 표창장과 임명장 7개를 받으며 조기 진급도 하고 전역을 했지. 지금도 대한민국 군복무는 내가 가장 자랑스러워하는 경력 중 하나야.

당시 부끄럽게도 군 복무를 마치고 사회에 나오면 모든 일이 잘 풀릴 것이라고 막연히 기대했어. 그때 수중에 있던 돈은 고작 4만3천 원뿐이었지. 경제 지식이 전무했던 나는 돈을 어떻게 벌어야 할지를 처음으로 막연하지만 진지하게 고민했어.

지금의 아내에게 돈을 빌려 겨우 마련한 작은 월셋방에서 나는 전혀 내 특기를 살릴 수가 없었어. 라면 하나를 둘로 쪼개 먹으며 과외라도 구하기 위해 전단지를 붙이기 시작했어. 어떤 때는 아파트 관리소에 미리 허락을 받아야 한다는 것을 몰라서, 경비 아저씨에게 멱살을 여러 차례 잡히기도 했어.

그렇게 근근이 생활을 유지하는 희망 없는 시간이 다시 이어졌어. 늦은 시간까지 아내와 함께 카페에서 이력서를 만들어 모든 구직 사이트에 올렸지. 결과는 어땠을까? 그래도 나름 영국에서 의대를 졸업하고, 군대에서 표창장도 여러 개 받고, 31살에 자랑스러운 육군 만기 병장으로 제대했는데?

마치 고등학교 시절의 거울을 보는 것 같았어. 2달 동안 단 한 군데의 제약회사에서도 연락이 없었어. 포기하려던 찰나 한 제약회사에서 연락이 왔어.

그 회사에서 실험적으로 사내 의학부라는 새로운 부서를 만들려는데, 한국어와 영어가 가능한 의대 졸업자를 뽑게 된 거야. 나는 그 기회를 통해 처음으로 제약기업에서 커리어를 시작하게 되었고, 11년이 지난 지금 글로벌 외국계 다국적 헬스케어 대기업의 현직 상무이사로 일하고 있지.

어때, 지나온 내 삶의 이야기가? 너무 신파인가? 어떻게 받아들이든 다 좋아. 그렇지만 내가 여기서 꼭 하고 싶은 말은 "**나의 배경 또한 너와 크게 다르지 않았다**"라고 말하고 싶은 거야.

나는 이 책을 통해 다시 초심으로 돌아가, 초보 직장인에서 최고 전략 마케팅 운영 책임자이자 C-Level의 고위 임원까지 도달하며 경험한 수많은 노하우를 여러분과 나누려고 해. 직장을 준비하는 청년들부터 이제 막 사회생활을 시작한 신입사원, 업무에 대한 고민으로 방황하고 있는 직장인들에게 내가 직접 겪은 경험담과 노하우를 전달해서 보다 나은 미래를 설계할 수 있도록 도움을 주고 싶어.

이 책은 모든 것을 '실전'을 통해 가르쳐주는 책이야.

입사하거나 이직한 회사에서 처음에 어떻게 일 잘하는 이미지를 만들어내야 하는지, 주위 동료들과의 관계 설정은 어떻게 해야 장기적으로 내가 더 빛나 보이는 위치로 갈 수 있는지, 승진 대상자 또는 구조조정에서 어떻게 해야 내 경쟁자보다 나은 평가를 받을 수 있는지, 제2의 삶을 위한 자기계발 시간은 어떻게 분배해야 하는지, 돈 걱정 없는 시스템은 어떻게 구축하는지, 최종적으로 모든 것에 자유로운 사람이 되기 위해서는 어떻게 해야 하는지.

나는 여전히 어떤 것이 정답인지는 몰라. 다만 그 길을 찾기 위해 매일 최선을 다하고 있어.

이 책은 우리가 즐겨하는 체스 게임에 빗대어서 진행될 거야. 먼저 간단한 체스의 규칙을 말해줄게.

우리의 삶이 하나의 '체스보드' 같다면, 장기판의 졸과 같은 가장 일반적인 말인 '폰 Pawn'은 어쩌면 우리 같은 보통 사람과 같다고 생각해. 그렇지만 한 번에 한 칸씩 '앞으로'만 움직여야 하는 폰이 체스보드의 마지막에 힘겹게 도달했을 때, 그 폰은 어떤 말로도 바뀔 수 있어. 이것을 '폰 프로모션Pawn Promotion' 또는 '퀴닝Queening'이라고 부르지. 그리고 '퀸'으로 바뀐 폰은 이제 체스보드의 어느 곳에도 갈 수 있는, 게임 전체를 누비는 '실세 게임 체인저'가 되었어.

폰은 기본적으로 버려지는 말이야. 전략적으로 초반에 폰을 한두 개 잃는 건, 이후에 중요해진다 해도 그다지 신경쓰지 않아. 그에 반해 퀸은 체스 전체의 흐름에서 없어서는 안 되는, 경기에서 '꼭 필요한' 말이야.

우리는 지금 발전 가능성이 낮은 조직의 작은 톱니바퀴로 살아가는 폰에 가까울까, 아니면 나를 필요로 하는 안정적인 직장에서 내일 퇴사해도 패시브 인컴이 나오는 여유로운 경제적 시스템을 갖춘, 가족들과 넉넉한 시간을 보낼 수 있는 퀸에 가까울까?

누군가는 혹시 이렇게 말할 수도 있겠지. "당신은 영국에서 의대를 나왔으니 이미 배경 자체가 우리하고 다른 거 아냐? 외국계 회사에서 오랫동안 임원을 하고 있는 사람이 어떻게 우리의 힘든 마음을 알겠어?"

있지. 우리가 늘 기억해야 할 것이 있어. 영광의 시간은 언제나 짧고, 침묵의 시간은 길어. 사람들은 나의 영광의 시간만을 보겠지만 나는 침묵의 시간을 늘 잊지 않아. 영국의 대학병원에서 교육 연수 프로그램을 받을 때, 창문 없는 개미굴 같은 고시원에서 살던 시절을 결코 잊지 않아.

그렇다면 어떻게 하면 목적을 이룰 수 있을까? 맛있는 음식의 레시피를 따라하는 것처럼, 나도 이 책을 통해 똑같은 레시피를 주고 싶어. 아무도 가르쳐주지 않았던 '내 삶의 레시피'를.

우리의 궁극적인 목표인 '인간의 자유로움'에 이르기까지 지그재 그로 가지 않고, 더 명확하고 정확하게 도달할 수 있게. 나는 이 책을 통해 그걸 도와주고 싶어.

"퀴닝Queening은 시스템이야."

누구나 열심히 일하면 성공할 수 있다는 당연한 공식을 이 비현실적인 현실에서 이루게 해주는 것이 바로 '퀴닝의 시스템'이야.

어때, 이제 조금 마음이 열려?

이 책을 읽는 방법

1장에서는 '황금의 시대'를 살아가는 현대인이 어떻게 일을 하고 때맞춰 부를 쌓을 수 있는지를 소개할 거야.

이를 위해 2장에서는 '체스의 말(폰)'에 비유하여 자신의 '현재 상태'를 진단한 뒤, 높은 목표 의식을 갖게 할 거야.

3장에서는 빠른 성장이 가능한 실제적인 커리어를 찾고, 그 직장에 성공적으로 입사하는 노하우를 공유하려 해.

3장을 통해 그 인재가 된 당신은 이제 4장에서 '중간관리자'로서 어떻게 팀을 성공적으로 운영할지, 폭발적인 커리어 성장을 어떻게 가져올지 배우게 될 거야.

5장은 자기계발과 함께 현실적이고 안정적인 '자산 확장'에 대한 내용을 다룰 거야. 현대인의 숙제인 시간을 어떻게 '내 편'으로 만들 수 있을지, 나아가 지속적인 교육을 통해 한층 더 스펙업Specup 할 수 있는 길을 알려줄게. 그렇지만 이 장에서는 무엇보다도 경제적 시스템 구축에 대한 방법이 핵심을 이룰 거야. 언제 퇴직해도 불안하지 않게. 마지막으로 6장은 인생 2막에 대한 얘기야.

나는 네가 반드시 이 책을 여러 번 읽었으면 좋겠어. 친구나 지인과 함께 읽으며, 만약 내가 가보지 않은 성공으로 가는 다른 방법이 있다면 함께 그걸 얘기해보는 것도 즐거울 것 같아.

자, 이제 시작해볼까.

PART 1 체스보드 격변의 세상

AI시대 누가 체스 판의 승자가 되는가?

우리가 사는 세상은
커다란 체스보드야.

우리는 그중 가장 작은 폰 Pawn일 뿐이지.
게임이 시작되면 가장 먼저
전략적으로 버려지는 폰.

우리는 이제 어떻게 해야 할까?

추위가 가시기 시작하던 2024년 3월 초, 청년들의 창업을 돕는 멘토로 참여하는 '청년 프로젝트'의 논의를 위해 강남에 갔었어. 미팅을 무사히 마치고 나오던 길에 전부터 가보고 싶었던 캐나다의 국민 커피 브랜드인 '팀 호튼'에 들러, 야외에 앉아 커피와 샌드위치를 먹었지.

그때 내 눈에 새삼 들어온 건 강남 중심가를 걷고 있는 수많은 사람들이었어. 다들 바쁘게 걷고 있었지. 문득 이런 생각이 들었어. 이 사람들은 과연 자신이 기적의 주인공이라는 사실을 알고 있을까?

나는 의대 시절에 산부인과 실습 로테이션을 돌며 한 생명이 태어나기까지는 실제로 거의 몇 십억 분의 일이라는 희박한 확률을 넘어서 하나의 특별한 수정이 이루어진다는 것을 배웠어.

그런데 그날 본 사람들은 어느 누구도 자신이 몇 십억 분의 일이라는 기적의 주인공이라는 것을 알고 있는 느낌은 아니었지. 이렇게 우리는 사막의 모래알 같은 보통의 존재이지만, 또한 기적의 주인공이지.

그런데 세상은 격변하고 있고 체스 판 위의 기적적인 존재인 우리는 늘 불안해해. 그렇지만 몇 십억 분의 일이라는 기적의 주인공으로서 우리는 늘 고난을 뚫고 앞으로 나아가야 해.

앤드류 양의 《보통 사람들의 전쟁》에서는 '자동화와 일자리 상실의 물결이 더는 미래의 암울한 이야기가 아닌, 현재 진행 중인 우리의 사회'라는 것을 말해주고 있어. 챗GPT와 같은 인공지능의 발전과 예상보다 빠른 그들의 지식 습득 속도는 80년이 걸릴 자동화를 무려 16년 만에 가능하게 할 것이라는 예측도 있지.

우리의 삶을 위협할 만큼 가속화된 변화 속에서 우리는 어떻게 새로운 시대에 성공적으로 안착할 수 있을까?

1
황금의 시대

—

평범한 직장인은
어떻게 부를 쌓을 수 있는가?

지금은 풍요의 시대야. 그렇지만 기술이 발전함에 따라 빈부의 격차는 더 극명하게 우리의 삶을 가르게 될 거야.

한편, 동네 세탁소나 음식점, 카페도 SNS 인플루언서가 되지 못하면 살아 남지 못하는 세상이 되었어. 인스타그램이나 페이스북, 링크드인을 통해 생산된 콘텐츠는 99%에 이르는 대부분의 사람들이 '소비'하지.

하루 종일 일하고 집에 돌아와 지친 몸과 마음을 뉘이며 숏츠를 보는 동안, 거시경제 관점에서는 두 가지 일이 발생하고 있어. 첫째, 내가 누리는 편의를 제공해준 사람이 돈을 벌어. 둘째, 그 편의를 제공한 사람이 활동할 수 있게 만든 플랫폼 기업이 더 많은 돈을 벌어들여. 세상에 공짜는 없어.

"즉, 우리는 하루 종일 회사의 돈을 벌어주고 와서, 집에서 다시 플랫폼 기업의 돈을 불려주고 있는 거야."

한때 전 세계에 충격을 안겼던 딥 러닝 AI 프로그램인 '알파고'를 개발한 딥마인드의 창립자 무스타파 슐레이만은《더 커밍 웨이브》라는 책에서 이렇게 말했지.

"다가오는 물결은 세상을 바꾸고 말 것이다. 결국에는 우리 인간이 더 이상 지구에서 가장 큰 영향력을 행사하는 존재가 되지 못할 수도 있다. (중략) 여러분은 이미 깨어 있는 시간 중에 상당 부분을 스마트폰이나 컴퓨터 모니터, TV 스크린을 바라보며 지내고 있을 것이다."

미국의 서부 시대 골드 러시를 통해 진정한 부를 이룬 사람들은 '광부'들이 아니야. 튼튼한 텐트 천을 청바지로 만든 '리바이스', 지친 광부들의 목을 축여준 '펍', 광부들이 금을 캘 때 더 많은 바위를 쪼갤 수 있는 튼튼한 '곡괭이를 파는 회사'들이지.

진정한 부는 '생산자'들이 '더 생산할 수 있게' 만드는 기업들이야. 그들이 수입을 가져가는 구조가 우리의 현재인 거야.

그렇다면 회사 안에서 직장인으로서 성장해야 하는 우리는 과연 무엇을 통해 '생산자'들에게 '더 생산하는' 방법을 찾아줄 수 있을까? 비싼 유튜브 강의와 유료 결제 프로그램에서 말하는 '누구나' 따라할 수 있는 '알고리즘'과 '콘텐츠 생산'은 전업이 아닌 이상, 직장인들이 따라하기에는 엄두조차 나지 않아.

황금의 시대, 이제 우리 동네 이발소 광고 숏츠 영상이 5분 만에 지구 반대편에서 재생되는 시대가 되었어.

아프리카 짐바브웨의 황금빛 토양에서 나무로 만든 드럼과 악기를 연주하며, 흙먼지 속에서 맨발로 춤을 추는 해맑은 아이들의 영상은 리투아니아, 일본, 호주, 한국 등 공통점이 전혀 없어 보이는 국가들을 포함해서, 전 세계 몇 천만 명의 지지와 함께 지금도 끊임없이 수익을 만들어내고 있어.

그렇다면 평범한 직장인인 우리는 이제 단순히 하나의 틈새시장 Niche Market을 생각하는 것뿐 아니라, 어떻게 하면 다양한 노출을 통해 폭넓게 내 브랜딩을 알릴 수 있을지를 생각해야 해. 지금부터는 숏츠의 소비자에서 벗어나야 해.

석유 재벌로 유명한 데이비드 록펠러는 "위대한 것으로 향하기 위해 좋은 것을 포기하는 것을 두려워하지 마라"라고 했어.

80억 중의 하나, 그러나 그 하나가 '대체 불가능한 폰'이 된다면 우리의 삶은 상상할 수 없을 정도로 풍요로워질 거야. 또한 현재의 업에서도 분명히 자유로워질 거야.

다음 장에서는 풍요로운 세상에 사는 사람들이 도대체 왜 노력하지 않는지를 짚어보고, 스마트하게 생각하는 방식에 대해 얘기해 볼게.

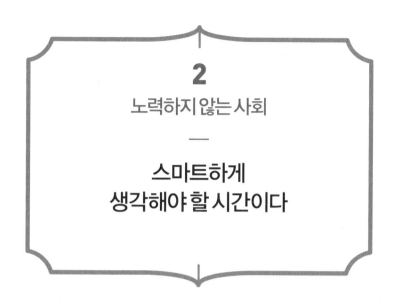

2
노력하지 않는 사회
—
스마트하게
생각해야 할 시간이다

이제는 이 글을 읽는 사람들 중에 "회사에 뼈를 묻으며 밤낮으로 충성하리라"라는 말도 안 되는 생각을 하는 사람은 없겠지? 한 직장에 오래 다니는 것이 칭찬을 받던 시대는 지나갔어.

나는 직장을 옮길 때마다 평균 25%에서 35% 이상 내 몸값을 올렸어. 최고로 연봉 협상을 잘했을 때는 이전 직장보다 38% 연봉을 더 받았을 때야. 다들 미쳤다고 했지.

물론 특정 분야에서는 한 회사에서 연차가 쌓일수록 인정을 받기도 해. 그렇지만 능력이 충분히 있다면 내부에서의 임금 인상보다 외부에서 더 많은 기회가 있는 편이지.

나의 경우에는 먼저 현재 직장에서 빠르게 몸값을 높인 다음에, 효과적인 협상을 통해서 몸값을 더욱 높여 이직한 것이 경제적 안정의 관점에서는 훨씬 빠르게 목표에 도달할 수 있었어. 그러다가 기업 문화가 나의 가치관과 맞을 경우, 오래 근속하며 주인의식을 가질 수 있었지.

오랜 경험을 통해 나는 알아. 기본급이 너무 낮거나 생활의 유지가 되지 않는다면 '애사심'은 절대 생기지 않아. 애사심은 내가 받아야 할 금전적 가치를 어느 정도 충족시켜 주고, 내 도전의식을 자극시켜서 내가 할 수 있는 목표보다 조금 더 높게 설정되었을 때 가장 최적화되는 것 같아.

예전에 일론 머스크가 인터뷰에서 "회사에 다니는 이유는 무엇이라고 생각하나요?"라는 질문에, 주저 없이 "돈Money"이라는 한마디를 해서 유명해진 적이 있어.

우리가 잘 아는 매슬로우의 피라미드를 보면 자아실현은 가장 꼭대기의 핵심 가치야. 그리고 가장 밑단에 생존을 위한 욕구 즉 의, 식, 주 등이 포함되어 있어. 인플레이션이 4% 가까이 올라가고 돈의 가치가 갈수록 떨어지는 시대에 어떻게 직장에서 자아실현의 욕구가 실현될 수 있겠어? 먼저 돈부터 많이 받아야지.

그런데 그 돈을 많이 받기 위해서는 방법이 필요해. 우리도 아무리 작은 돈이라도 길에서 아무에게나 주지 않잖아?

어떤 사람들은 돈을 벌기 위해서는 직장에 다녀서는 안 되고 사업을 해야만 부자가 될 수 있다고 해. 최근 민주연구원이 발표한 '2025 불평등 보고서'에는 근로소득과 사업소득 비교 분석이 잘 정리되어 있어.

직장인 vs 사업가

상위	근로소득	사업소득	우세	차이
0.10%	9억 8,798 만원	33억 5,014 만원	사업소득	23억 6,216 만원
0.20%	4억 1,668 만원	10억 4,744 만원	사업소득	6억 3,076 만원
0.30%	3억 2,719 만원	7억 6,294 만원	사업소득	4억 3,575 만원
0.40%	2억 8,195 만원	6억 2,310 만원	사업소득	3억 4,116 만원
0.50%	2억 5,269 만원	5억 3,207 만원	사업소득	2억 7,938 만원
0.60%	2억 3,333 만원	4억 6,456 만원	사업소득	2억 3,123 만원
0.70%	2억 1,820 만원	4억 1,181 만원	사업소득	1억 9,361 만원
0.80%	2억 0,681 만원	3억 7,883 만원	사업소득	1억 7,202 만원
0.90%	1억 9,802 만원	3억 5,238 만원	사업소득	1억 5,436 만원
1%	1억 9,062 만원	3억 3,055 만원	사업소득	1억 3,993 만원
2%	1억 6,532 만원	2억 4,858 만원	사업소득	8,326만원
3%	1억 3,889 만원	1억 7,208 만원	사업소득	3,319만원
4%	1억 2,408 만원	1억 4,004 만원	사업소득	1,596만원
5%	1억 1,407 만원	1억 2,061 만원	사업소득	654만원
6%	1억 0,600 만원	9,728만원	근로소득	872만원
7%	9,960만원	8,708만원	근로소득	1,252만원
8%	9,462만원	7,895만원	근로소득	1,567만원
9%	9,035만원	7,222만원	근로소득	1,813만원
10%	8,659만원	6,664만원	근로소득	1,996만원
11%	8,327만원	6,191만원	근로소득	2,136만원
12%	8,024만원	5,786만원	근로소득	2,238만원
13%	7,742만원	5,424만원	근로소득	2,318만원
14%	7,477만원	5,100만원	근로소득	2,377만원
15%	7,227만원	4,813만원	근로소득	2,415만원
16%	7,040만원	4,659만원	근로소득	2,381만원
17%	6,859만원	4,510만원	근로소득	2,349만원
18%	6,682만원	4,366만원	근로소득	2,316만원
19%	6,509만원	4,225만원	근로소득	2,284만원
20%	6,339만원	4,088만원	근로소득	2,251만원

출처: 〈2025 민주연구원 불평등 보고서〉

표를 보면 상위 10%만 봐도 평균적으로 직장인들이 사업가들보다 더 돈을 많이 받고 있고, 5%로 갈 때까지도 우세하게 나타나. 간단히 말하면 내 연봉이 1억1천만 원 정도까지는 사업을 하든 직장생활을 하든, 소득에서는 평균적으로 크게 차이가 없다는 말이야.

물론 사업을 하면 다양한 이점들이 있겠지만 대부분의 사업은 알고 있듯이 리스크도 매우 커. 그건 내가 살아온 가정환경이 말해주고 있지.

또한 '부자'에 대해 한번 생각해볼 필요가 있어. 내 기준의 부자는 "먹고 싶은 음식을 언제든 사먹을 수 있고, 가고 싶을 때 어디든 갈 수 있는 사람"이야.

어떤 이에게 부자는 안정적으로 계속해서 수익이 들어오는 사람일 수도 있고, 또 어떤 이에게는 현금 20억을 가진 사람일 수도 있겠지. 결국 내가 가진 목표에 따라 '부자의 정의'는 모두 달라진다는 말이야.

그 돈을 받기 위해서는 먼저 내가 그 돈에 어울리는 '역량'을 갖고 있어야만 해. 쉽게 말하면 왜 그 많은 돈을 내게 주어야 하는지 증명할 수 있는 보증서가 필요한 것처럼 말이야. 경력이 보증이 되던 시대는 예전에 이미 끝났어.

이제는 실제 직장에 들어가든 이직을 하든 첫날부터 내가 '무엇을 해야 하는지' 정확하게 알고, 이를 '실행하는 사람'들이 그 돈의 주인이야.

과학 기술자인 스티븐 존슨의 《원더랜드》에는 이런 내용이 있어. "앙리 루이는 1776년 런던 코벤트 가든에서 열린 '경이로운 기계'라 는 전시회에서 자동기계를 전시한다."

이미 1776년부터 반복되는 일을 하는 '자동기계'들이 있었어. 2025년 현재에도 회사에서 '자동기계'처럼 일을 하는 사람들이 너 무 많아. 내 삶이 그저 낮은 연봉을 받으며 매일 반복되는 일만 한 다면, 언젠가는 자신을 '자동기계'와 구별할 수 없게 돼.

이제는 스마트하게 생각해야 할 시간이야.
나를 '자동기계'와 구별지을 수 있는 한 가지는 무엇일까? **그건 바 로 '생각하는 능력'이야.** 우리가 매일 마주치는 많은 사람들이 실제 로 자신의 삶에 대해 깊이 생각하지 않는다는 것을 알면 많이 놀랄 거야.

2022년 테슬라 행사에서 선보인 첫 번째 '휴머노이드 로봇'인 '옵 티머스'는 아장아장 걸어가면서 방향을 바꾸다 중심을 잃을 뻔해서 스태프들이 옆에서 붙잡아주었지. 그 어색한 움직임에 사람들은 비 웃음과 냉소를 흘렸어. 그렇지만 그 로봇은 사람들의 뇌리에 깊이 각인되었지. 왜였을까? '옵티머스'는 바로 '최초로 스스로 생각하고 학습하는 로봇'이었기 때문이야.

2023년 하반기에 '옵티머스'의 두 번째 업그레이드 버전이 공개되었지. 단 1년 만에 사람과 비슷하게 속도와 보폭을 자연스럽게 조절해가며 걷는 로봇에게 사람들은 열광했어.

그때 보스턴 테라퓨틱스Therapeutics의 신제품도 동시에 새로운 기능을 선보였지만, 그건 대부분 학습을 통한 '반복 행동'이었어. 옵티머스만큼은 매력적이지 않았지. 이제 테슬라는 2026년을 목표로 모든 가정에 옵티머스의 상용화를 발표하고 대량생산을 시작했어.

인스타그램의 통계에 따르면 콘텐츠를 올리는 사람은 아직도 콘텐츠를 소비하는 사람의 10%밖에 되지 않는대. 꼭 콘텐츠를 만들어서 올리라는 얘기가 아니야. 다만 우리가 과연 매일 최선을 다해 노력하며 살고 있는지 생각해보자는 얘기야.

사람들은 뉴스에서 일론 머스크의 자산이 하루에 4조 늘었다는 소식에는 큰 감흥이 없어.
생각하고 노력해서 일론 머스크의 방식을 따라하려는 노력보다, 그저 지금 자신이 가질 수 있는 작은 사치에 하루하루 만족하며 소중한 시간을 소비하고 있어. 조선호텔의 30만 원짜리 한정판 케이크가 순식간에 동나서 못 팔았다잖아.

'생각'하며 사는 삶과 '반복적', '즉흥적'으로 반응하며 사는 삶은 위의 로봇의 경우처럼 확연히 달라. 어떤 것이 몸값을 높이기에 더 유리할지는 안 봐도 알겠지?

인간을 가장 인간답게 만드는 것, 조직에서 성장할 수 있는 원동력은 바로 끊임없이 '생각'하는 것이야. 그것도 스마트하게.

3

지금은
ESQ들의 시대야

"자네들, 세상에서 성공하기 위해 필요한 4가지가 뭔지 아나?"

"잘 모르겠습니다."

"4가지는 바로 'IQ, EQ, 눈치큐, SQ'야. 사람들은 IQ만 높으면 성공한다고 생각하지. 그렇지만 절대 그렇지 않아. **실제로는 EQ와 SQ, 눈치큐 모두가 중요하지.**"

아침 8시 오전 회진이 거의 끝나가던 무렵, 엘리베이터 앞에서 내 의대 지도 교수님이 이렇게 농담 반 진담 반 말씀하셨지. 한국의 대학병원에서 연수받을 때의 일이야.

그때는 저 말이 무슨 뜻인지 잘 이해하지 못했어. 아마 매일 책 한 권에 가까운 방대한 양의 의학 정보를 밤낮으로 머릿속에 집어넣을 때라 그랬는지도 몰라.

그런데 시간이 지나 의대를 졸업하고 13년쯤 되어 대학병원과 글로벌 대기업에서 생활하면서, 이상하게도 그때 교수님의 말씀이 너무나 진리라는 생각이 경험을 통해 드는 거야.

지금은 바야흐로 'ESQ들의 시대'야.
IQ-Intelligence Quotient(지능지수)보다 EQ-Emotional Quotient(감성지수)와 SQ-Social Quotient(사회지수)가 뛰어난 사람들이 남들보다 성공하는 시대인 거야. 이제 나는 확신을 가지고 진심을 다해 목이 터지도록 단언할 수 있어.

"이제 사회적 지능 없이는 절대 성공할 수 없다."

애플의 팀 쿡이나 마이크로소프트의 사티아 나델라, 테슬라의 일론 머스크 등 모두 혼자 열심히 일해서 성공한 게 아니야. 그들은 공감을 통해 좋은 사람들을 발굴해내고, 가장 적절한 타이밍에 그들이 최고의 능률을 올릴 수 있는 업무에 배치했어. 그 수많은 사람들의 성과가 본인들의 리더십을 증명해주고 있어.

결국 성공하는 사람들은 '타인의 감정'을 잘 읽고 그들에게 진심으로 '공감하며', 모두가 성공할 수 있는 방향으로 이끌 수 있는 능력을 가진 사람들인 거야.

여기에서부터 자신의 경계를 세워놓고 일하는 사람들과, 터놓고 사람들과 협업하며 일하는 사람들이 자연스럽게 나뉘게 돼. 그리고 후자가 늘 더 빛나 보이게 되지. 그러니 아무리 힘들더라도 사람들과 협업해서 성과를 만드는 일들을 찾아나가야 해.

거의 10여 년 전. 어떤 글로벌 제약 대기업의 독일계 CEO께서 나를 만나고 싶어한다는 연락을 받았어. 호텔 로비의 카페에서 기업을 움직이는 동력과 차세대 핵심주제, 앞으로 변화할 기업 문화의 패러다임 등에 관해 2시간 반 동안 아주 재미있게 얘기를 나누었지. 즐거운 대화를 마치고 계산할 때, 나는 아무 생각 없이 CEO분께 물었지.

"차 가지고 오셨습니까? 대표님, 여기 주차권이 있습니다."
"아, 미안해요. 그러고 보니 저쪽에 제 기사가 기다리고 있네요. 주차권은 괜찮을 것 같습니다."

그 짧은 대화 후 그분은 대형 고급 세단을 타고 가셨지. 나는 잠시 그 자리에 서 있었어. 그때 나는 차도 없어서 1시간 40분 동안 비좁은 만원 지하철을 타고 왔었거든.

마치 CEO처럼 수준 높은 대화를 나누던 꿈속에서 다시 차가운 현실로 뚝 떨어진 기분이 들었지. 나는 그 대화를 언젠가는 꼭 나의 현실로 만들겠다고 결심했어.

4년 뒤 해외 출장길, 인천공항으로 가던 나는 그분이 탔던 똑같은 대형 세단 뒷자석에서 셀카를 찍고 있었어. 그 답은 'ESQ와 결합된 노력'에 있어. 지금부터 그 노하우를 소개할게.

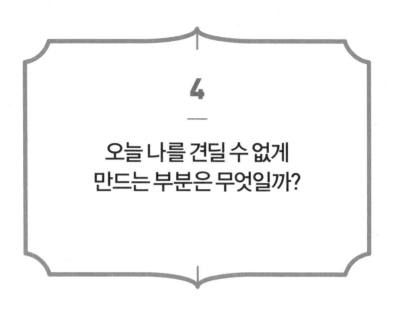

4

오늘 나를 견딜 수 없게
만드는 부분은 무엇일까?

"목적의식 없이 살면 성공은 우연이나 행운에 좌우된다."

"내 안의 검은 양을 발견하려면, 적당히 중요한 것과 절대로 타협할 수 없는 것을 구분해야 한다."

브랜트 맨스워의 《블랙쉽》에 나오는 말이야. 여기서 '검은 양'은 흰양들과 함께 섞여 살고 있지만 '독창적인' 삶의 방식을 갖고 있는 사람을 빗대어서 말한 거야. '검은 양'은 무리에서 배척당하고 무시당하기도 하지만, 털빛을 바꿀 수 없기 때문에 하나의 독특한 존재로 인정을 받아.

그런데 만약 우리가 '흰 양'인데도 무리에서 배척 받고 무시당하고 있다면 그건 조금 생각해봐야 할 심각한 문제야. 그때는 빨리 까만 물을 들어서라도 '내 색깔'을 확립하는 게 중요해. 나는 그게 우리의 '목적 의식'이라고 생각해. 목적 의식이라는 것은 쉽게 말하면 내가 '타협할 수 없는 핵심 가치'를 말해.

누군가는 평소에는 조용하지만 고양이 학대에 민감하게 반응하는 사람이 있어. 어떤 사람은 결혼 문제에, 어떤 사람은 정치에, 어떤 이는 특정 집단에 민감하게 반응하고 예상 못한 타이밍에 갑자기 짜증을 내기도 하지.

그건 그 지점이 그 사람의 '목적 의식'과 연결되어 있어서 그래. 다른 건 '참겠지만', 그것 하나는 '못' 참겠거든.

나는 다른 건 몰라도 내 '시간'을 함부로 쓰려는 사람은 못 참는 편이야.

창구에서 옆 동료와 한가하게 담소를 나누면서 앞에 있는 민원인의 시간은 전혀 고려하지 않는 사람들이나, 의미 없는 대화를 위해 미팅을 잡는 일들은 내가 가장 싫어하는 일이야. 시간은 '자원'이고, 우리의 생명은 '시간'으로 이루어져 있거든.

이제 생각해봐. 과연 오늘 나를 '견딜 수 없게 만드는 것'은 무엇일까?

길고 긴 출퇴근 시간, 반복되는 업무, 인정받지 못하는 부서, 가족

친구와의 관계, 나보다 능력이 떨어지는 상사의 잔소리가 될 수도 있어. 그리고 이제 그 부분을 이겨나가는 과정이 새로운 나를 만들어가는 나의 '핵심 가치'가 될 거야.

우리를 견딜 수 없게 만드는 것으로부터 나를 지키기 위해 삶의 방식을 조금씩 바꿔나갈 거야. 우리는 '결과'는 통제할 수 없지만, '결정 방식'은 스스로 통제할 수 있기 때문이야.

지금부터 우리가 찾아갈 여정은 바로 '누구도 대체할 수 없는 존재'가 되는 방법이야. 다음 장에서는 어떻게 그 시작점을 만들 수 있는지 알려줄게.

5

당신의 삶 속에
아주 작은 균열을 만들어라

최근에 건강검진을 받았어. 내시경을 위해 기다리는 동안 나는 속으로 많이 놀랐지. 대부분의 직원 분들이 말도 안 되게 불친절한 거야. 마치 불친절 CS 교육을 정기적으로 받은 것처럼.

그 이유가 무엇인지 주의 깊게 관찰해봤어.

매일 수많은 사람들에게 치이는 건강검진센터의 직원들은 상대방을 위한 '마음의 여유'가 조금도 없었어. 겨우 '자신'을 보호하기 위한 '방어기제' 외에는 다른 것은 생각할 수가 없어 보였지.

그리고 때로 업무 시간에 여유가 생겼을 때에도 그 방어기제가 습관으로 굳어져 서로에게 '불편한 감정의 가드레일'을 치고 있었지.

혹시 실수라도 할까 봐 직원들끼리도 가벼운 농담조차 건네지 않고 멍하니 휴대전화나 모니터만 쳐다보고 있었지.

얼마 전 여권 갱신을 하러 갔다가 만난 민원 창구의 직원 또한 똑같은 표정에 기계처럼 일하고 있었어. 속으로는 언제 본인이 키오스크로 대체될지 걱정하는 불안함조차 엿보였지. 안타깝지만 냉정하게 말하면, 사실 높은 확률로 몇 년 안에 그 사람의 걱정은 현실이 될 거라고 생각해.

나는 가끔 대한민국이 지나치게 점점 개인적으로 되어가는 것 같아서 마음 아플 때가 있어. 기계적인 업무를 마치고 나면 일시적인 도파민을 위해 비싼 음식을 사먹고, 콘텐츠를 소비하거나 게임을 하며 외로워하지.
'나'만 중요하고 상대의 처지는 전혀 중요하지 않은, 배려 없는 세상이 되어가고 있어. 단 몇 초의 시간조차 남을 위해 양보하면 마치 인생의 경쟁에서 지는 줄로 생각해.

그렇기 때문에 더욱 TED의 메인 연사인 사이먼 사이넥을 비롯한 여러 사회적 리더들이 말하고 있는 것처럼, EQ(감성지수)는 이제 우리 사회의 새로운 경쟁력이 되었어. 왜일까?
타인의 감정에 '진심으로 공감'하는 것이 이제는 '희소'한 것이 되었기 때문이야.

세상은 절대 이성으로 움직이지 않아. 감정으로 움직여. 그리고 그것을 표현하는 것은 바로 '태도'야. 우리가 생각하는 것보다 '태도'는 훨씬 더 중요한 경쟁력을 가지고 있어. 자신이 책임을 회피하고 싶어서 선택한 방어기제와 행동은 결정적으로 자신의 발전 가능성을 포기하게 만들 뿐이야.

"콘크리트처럼 딱딱한 방어기제를 풀고 너의 삶 속에 아주 작은 균열을 만들어봐. 그리고 그 '변화'라는 균열이 어떤 새로운 결과를 만들어낼지를 기대해봐."

오스카에서 최초로 최장기 기립 박수를 받은 찰리 채플린은 이렇게 말했어.

"나는 내 인생에서 많은 문제를 가지고 있었어. 그런데 내 입술은 그걸 몰라. 그래서 항상 미소 짓고 있지."

나는 이 말이 나이가 들어갈수록 더욱 와닿아. 우리의 삶을 정확하게 보여주는 말 같아. 자신이 얼마나 강한지 끊임없이 세게 증명하려는 사람들이 많아질수록 부드러운 말은 오히려 더욱 강한 힘을 갖게 되지.

절대 을이라고 스스로를 비하하며 피해의식에 젖어 자기를 합리화하면 안 돼. 힘들수록 웃을 수 있는 것이 너의 '품격'이야.

또한 부분적인 비판이 너의 꿈을 망치게 내버려두지 마. 너는 네가 생각하는 것보다 훨씬 더 위대한 일을 할 수 있는 사람이야.

지금 우리 사회는 점점 더 '친절'이 '고급한 가치'가 되어가고 있어. 지금 아르바이트하는 편의점에서 내 앞의 손님에게 친절하지 못하다면, 너는 세상에 나가서도 큰 성장을 기대하기가 어려워. 강철보다도 강한 다이아몬드를 유일하게 자를 수 있는 것은 높은 수압의 워터 블레이드야. 부드러움 속에 '강함'을 숨겨야 하는 거지.

어쩌면 '외유내강'은 비즈니스 시대를 살아가는 우리에게 가장 중요한 덕목이 아닐까? 충분히 스트레스를 받을 수 있는 상황에서도 의연하게 자신의 생각을 분명하고 예의 바르게 전달할 수 있는.

이제 네 삶에 작은 균열을 내봐. 입가에 미소를 지으면서.

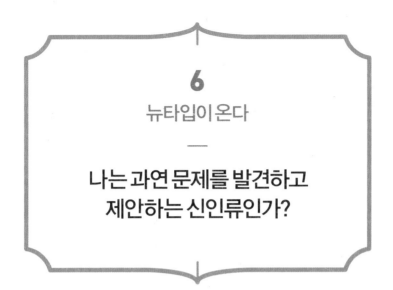

6
뉴타입이 온다

—

나는 과연 문제를 발견하고
제안하는 신인류인가?

우리가 자고 있는 동안에도 누군가는 돈을 벌고 있다고 했어.

요즘 세상은 '값싼 성공'에 대한 키워드가 넘쳐나. 성공을 돈에 맞추고 있기 때문에 자극적인 제목을 짓기도 쉬워. '3시간 투자해서 연수입 1억 만드는 법', 'AI를 활용한 광고로 월 4천만 원 찍었어요' 등, 결국 클릭해보면 유료 프로그램 결제를 유도하는 마케팅 기법이야. 우리는 여기서도 '소비자'일 뿐이지.

우리가 '패시브 인컴(자동화된 수입)'을 따라하려고 해도, 실제 자동화 프로그램을 통해 진정한 경제적 자유에 이른 사람들은 극소수야. 차가운 현실의 복제가 디지털 세상에서도 이루어지고 있는 것뿐이지. 또 다른 희망고문밖에 되지 않아.

나도 한때 그 패시브 인컴을 따라해보려고 엄청 노력했던 적이 있어. 잘 안 됐지. 그때 나는 깨달았지. 자신의 본업을 하면서 자동화 수입을 만드는 사람들은 나와 다른 한 가지가 있었어. 바로 문제 인식이지.

일본 최고의 전략 컨설턴트 중 한 사람인 야마구치 슈의 《뉴타입의 시대》에서는 예측 불가능한 미래를 돌파하는 프레임을 24가지로 정리했어. 가장 중요한 핵심 메시지는 이거야.

"다가올 미래는 '문제를 발견하는 자'의 것이다."

이 책이 나온 지 5년이 다 되어가니까 그동안 세계에 어떤 변화들이 있었는지 알 필요가 있어. 갑자기 코로나 바이러스가 창궐하여 모든 사람들이 마스크를 쓰고 다녔고, 세계 경제는 한번 심각하게 곤두박질쳐서 하루아침에 주식을 -65%까지 찍은 사람들이 수두룩하고(쉽게 말하면 재산의 2/3가 물거품처럼 없어진 거야), 러시아와 우크라이나가 전쟁을 벌이고, 엔비디아는 2025년 현시점에 지구상에서 가장 큰 기업 시총 1~2위를 다투고 있지.

여기에서 돈을 버는 사람들의 공통점이 뭔지 알겠어? 바로 '문제 인식'이야.

팬데믹 전까지 오프라인과 온라인의 구별이 명확했던 시대를 줌 ZOOM과 아마존은 유연하게 통합시켰어. 세계 경제가 곤두박질칠 때, 워렌 버핏은 모으고 있던 현금을 조용히 '옥시덴탈 페트로니움' 과 '셰브론' 같은 에너지 기업들에 투자해서 최소 25% 이상의 수익 을 얻었어. 러시아와 우크라이나의 전쟁에서 우크라이나가 '유럽의 곡창'이라는 별명을 기억한 사람들은 '밀 선물'에 투자해 역대 신고 가를 찍고 떼돈을 벌었지.

엔비디아가 8개월 이상 같은 주식 가격으로 횡보할 때, 200달러대 에 투자한 사람들은 지금까지만 해도 5배를 벌었어. 심지어 그들이 일하지 않고 자고 있을 때에도 말이야. 그중에는 내 가까운 지인들 도 많이 있어.

우리는 같은 시대에 살고 있는데 너무 배 아프지 않아?

《뉴타입의 시대》에서는 그런 '구상'과 '돌파'가 가능한 유연한 사고 방식을 가진 사람들을 뉴타입이라고 정의해. 예전의 올드타입은 '문 제 해결자'들이었어. 비즈니스에서는 얼마나 큰 문제를 해결하는가 를 부를 생성하는 대표적인 도구로 알았지.

나도 미국의 대학에서 MBA 프로그램을 이수했지만, 책에서 말한 대로 이제는 MBA 졸업생들도 점점 과잉으로 가는 추세야. 단순히 문제 해결 능력만을 가진 인재들은 너무 많기 때문에 이제 기업에서는 MBA만을 보고 채용하지 않아.

우리는 근본적으로 '경쟁력의 원천'이 바뀌고 있는 시대에 살고 있어. 새로운 문제를 발견하고 해결하는 방법을 제시할 수 있다면, 학력이나 기초 자본을 넘어 누구나 혁신적인 결과를 만들어낼 수도 있다는 것을 의미해.

여기서 더 자세하게 '뉴타입'에 대한 정의를 이해할 필요가 있어. 야마구치 슈는 "뉴타입은 우선 이상적인 상태를 구상하고 현재 상황과 비교한 다음, 그 차이에서 문제를 발견해서 어떤 문제를 해결해야 할지 명확히 제시한다"라고 말했어.

문제 발견이란 무엇일까? 이건 기획의 영역에서도 가장 중요한 부분이라고 생각해. 다른 말로 하면 '과제의 설정과 해결'이라고 말하고 있어. 더 단순하게 말하면 스탠딩 코미디처럼 혼자 북치고 장구치는 일이야. 내가 문제를 제기하고 그에 대한 해결을 함께 내놓는 것. 그때부터 나는 더 이상 미래를 '예측'하는 것이 아닌 '구상'하게 되는 거야. 내가 그런 미래로 말이지.

야마구치 슈에 따르면 "뉴타입들은 미래를 구상하고, 이를 실현하기 위해 주변 사람들을 움직인다"고 해. 이를 움직이는 도구는 핵심성과지표(KPI)가 아닌, 바로 '의미'라는 동기부여야.

스티브 알렉시는 중증 뇌성마비 장애를 갖고 태어났지. 어릴 때 의사가 걷지도 못할 거라고 말했지만, 자라면서 그는 그 말을 무시했어. 유산소와 무산소 운동을 병행하며 국제 보디빌더 대회에서 상도 여러 번 수상했지. 결국 아주 유명한 '뇌성마비 보디빌더'가 되었어.

이게 왜 무서운지 알아?

뇌성마비는 대부분 임신 중 산소결핍증과 유전적 돌연변이로 일어나는데, 근육의 형태가 뒤틀려서 고강도 근육 트레이닝을 하는 것이 대부분 불가능하거든.

그런데 스티브는 "뇌성마비 환자는 왜 보디빌더가 될 수 없다는 거지?"라는 새로운 문제를 발견했어. 그리고 그 자신이 직접 문제의 해결자가 되었지. 지금도 스티브가 콘텐츠를 올릴 때마다 하루에 수천 명이 '좋아요'를 눌러.

뉴타입이라는 것은 "경험에만 의존하지 않고 끊임없이 시스템을 비판하고 수정하며, 과거의 지식과 습관을 특정 시기마다 리셋하고 계속 학습하는 인재"야. 그리고 그 인재가 주변 사람들에게 '일의 의미', '동기'를 부여하는 순간, 그 꿈은 현실이 되는 거야.

문제를 제기하는 '뉴타입'이 되고 싶지 않아?

PART 2 기초작업

원하는 목표를 이해하는 핵심적인 방법

이 불안한 사회에서
직장인의 무기는

고정적 월급과 낮은 변동성,
여유로운 시간이야.

가장 중요한 게임 체인저이지.

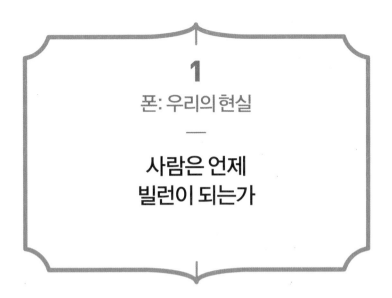

1

폰: 우리의 현실

—

사람은 언제
빌런이 되는가

2007년 영국의 겨울은 유난히 추웠어.

나는 대학원 앞 기숙사의 가장 저렴한 1층 방을 얻어 눈 내리는 창밖을 보고 있었어. 밀린 전기료로 3일째 전기가 끊겨 있었고 나오는 건 차가운 물뿐이었어.

연구 논문을 쓰며 대부분의 시간을 의과대학 강의실에서 보냈지만, 크리스마스와 같이 대학이 문을 닫을 때에는 낮에는 햇빛에 의지해 흐릿한 노트북으로 논문을 썼어. 저녁에는 다행히 창문 바로 앞에 가로등이 있어서 낡은 이불을 뒤집어쓰고 타자를 치던 기억이 있어.

영국 파운드 환율은 정말 너무 비쌌고, 20대 중반을 향하던 나는 그때 차마 집에 돈을 더 달라는 말을 할 수 없었어. 2010년 가을, 대학병원에서 숨을 헐떡이며 뛰어온 나는 의과대학 재경부실에 앉아 있었어. 그동안 외국인 학생이라 예외Exception를 주었지만, 더 이상은 학비를 쪼개서 낼 수 없다고 했어.

당시 픽업, 통역을 포함하여 아르바이트를 4개 정도 하고 있었지만, 근근이 생활을 유지하는 정도밖에는 되지 않았어. 그때 지도교수님의 도움으로 간신히 어려움에서 벗어날 수 있었지(Thank you heartfully, Dr. Joshi).

시간이 흐르고 드디어 마지막 최종고시 합격자 명단에서 내 이름을 확인한 순간, 나는 오열했어. 이미 생활비를 받기 어려워 집을 다 정리하고 한인교회 목사님 댁 거실에서 2달 간 생활했을 때였어.
사정상 부모님은 졸업식에 참석하실 수 없었어. 그래서 졸업 사진을 보면 부모님 자리에 교회의 지인 분들이 서 계시지. 그리고 나는 곧 그 모든 영광의 순간을 뒤로 하고 지금의 내 가족을 위해 한국행을 택했어.

작년에 슈퍼히어로와 빌런에 대한 흥미로운 심리학적 분석을 읽은 적이 있어. 동일한 경험을 해도 누군가는 그 상처를 승화해서 거듭나고, 누군가는 그 상처로 인해 남들에게 또 다른 상처를 주는 가해자Taker로 변화한다고 해.

빌런은 그 상처라는 매개체를 타인에게 마음대로 해도 된다는 합리화의 도구로 사용하고, 히어로는 그 상처를 타인은 결코 겪게 하고 싶지 않다고 하지.

영화 〈조커Joker〉에서 조커는 "세상이 나를 이렇게 만들었다"고 했어. 정말 그럴까? 똑같이 힘든 상황을 겪어도 안 그런 사람들이 더 많아. 결국 빌런이 될지 히어로가 될지는 자신이 선택하는 것이 아닐까?

나는 내가 히어로라고는 절대 생각하지 않아. 다만 오늘 내 주변의 누군가가 힘들어한다면, 최소한 이제는 내가 도와줄 수 있는 상황이 되었다는 사실에 가끔 감사할 뿐이야.

세계적으로 성공한 많은 사람들이 거의 공통적으로 말하는 한 가지가 있어. 그건 바로 본인들의 커리어와 삶의 여정이 모두 '직선'이 아니었다는 거야.

우리는 살아갈수록 예전에는 당연하게 받아들였던 많은 일들이 결코 당연하지 않다는 것을 깨닫게 돼. 특히 아이를 키우는 부모라면 늘상 맞이하는 평화로운 아침이 당연하지 않다는 것을 알게 되지.

회사에서 외부 협업이나 아웃소싱을 해서 새로운 프로젝트를 진행해본 사람은 더 복잡하고 다양한 변수들로 인해 프로젝트의 성공이 더욱 당연하지 않음을 알지.

모든 성공은 롤러코스터를 동반해. 그래서 불확실성은 우리가 늘 마주하고 살아가야 할 '일상의 한 부분'으로 즐길 줄 알아야 해.

혹독한 경험 속에서 혹은 롤러코스터를 타는 삶의 여정에서 '빌런'으로 남을지, 한 차원 높은 승화의 단계로 넘어갈지는 오로지 너의 선택에 달렸어.

자, 이제 한 발 더 목표를 향해 나아가 볼까.

2
퀸: 목표

—

경제적 자유를 이루기 위한 훌륭한 기폭제

신혼여행으로 처음으로 하와이에 갔었어. 첫 번째 직장을 퇴사하고 다음 회사에 이사직으로 채용되어, 그동안 열심히 모은 돈으로 떠난 여행이야.

세상 모든 것들이 그저 아름답게 보였어. 마치 해외 엽서에나 나올 거 같은 아름다운 바다와 탁 트인 해변, 사람들의 행복한 미소, 맛있는 해산물 요리, 선 비치에 누워 듣던 파도소리.

그때 나는 스스로에게 약속했어. 은퇴하면 꼭 하와이나 싱가포르에 정착하겠다고. 누구도 신경쓰지 않는 곳에서 여유롭고 평화롭게 살겠다고 다짐했어.

그런데 한 닷새 뒤에 갑작스럽게 퇴직금이 기한보다 늦게 들어올 거라는 메일 한 통을 받았지. 그 순간부터 그 즐거웠던 신혼여행은 지옥이 되었어. 갖고 있던 현금이 거의 바닥나고 모든 신용카드 출금이 불가능해지면서 낙원은 갑자기 사라졌어. 엄청난 두려움이 몰려왔지.

다행히 7일째 되던 날 퇴직금이 입금되었고 무사히 남은 여행 일정을 다 마칠 수 있었어.

그때 신혼여행지에서 단단히 느낀 게 있어.

1. 원하는 것을 하려면 보다 넉넉하게 돈을 준비하자.
2. 여건이 어렵더라도 가고 싶은 곳에는 꼭 가봐야 한다.
   그래야 자신이 진정으로 무엇을 원하는지 알 수 있다.
3. 여유자금이 있으면 '행복한 곳은 더욱 행복'해질 수 있다.

그렇지만 우리는 매일 하와이에 갈 수는 없어. 또한 은퇴한 이후에는 어쩔 수 없이 소박한 삶을 살아가야 하는 경우가 대부분이야. 하지만, 나는 여기에 반기를 들기로 했어.

나폴레온 힐은 《당신은 반드시 성공할 것이다》에서 "모든 성취의 시작점은 갈망이다"라고 말했지. 그의 말처럼 나의 에너지는 '갈망'이야. 구체적으로 나는 내 성공의 목표를 '행복한 곳'에서 '더욱 행복하게 살 수 있는 지점'으로 설정했어.

그 행복의 조건은 돌아가고 싶을 때 언제든 내 나라로 다시 돌아 갈 수 있는, 모든 환경적인 조건까지 포함하고 있지. 그곳은 고등학 교 시절을 포함해서 직장생활도 더없이 좋았던 싱가포르였어. 지금 도 아내와 함께 싱가포르에서 한 달 살기와 같은 계획을 짜는 것은 너무나 즐거워.

다른 이야기지만 나는 정년까지 열심히 일하다가 퇴직한 이후, 급 격하게 지성적으로 육체적으로 퇴화해가는 동료 리더들을 많이 보 았어. 은퇴 이후의 삶에서 특히 필요한 것은 경제적 자유와 더불어 육체적, 정신적 건강이라고 생각해.

이를 위해 파트타임이더라도 반드시 생산적 활동을 해야 한다고 생각해. 그 일은 글 쓰는 일이 될 수도 있고, 나의 전문 분야를 나누 는 일이 될 수도 있어. 또한 회사 및 기관에서 컨설턴트로서 자신의 경험을 나눌 수도 있지.

이러한 전제들을 바탕으로, 내가 경제적 성공 뒤에 진정으로 원 하는 곳에서 살기 위해 필요한 금액은 얼마인지 산출해봤어.

기본 지출액 - 예시: 2025년 기준 SGD환산

◆ 싱가포르 주택 구매: 약 15억 6840만 원(평균 120만 달러)

예상 월 소비 항목 - 4인 기준

◆ 식비: 110만 원(1,000달러)

◆ 교통비: 22만 원(200달러)

◆ 통신비(휴대폰/인터넷): 22만 원(200달러)

◆ 의료비: 11만 원(100달러)

◆ 공과금(관리비/수도/전기료): 33만 원(300달러)

◆ 교육비(학비, 스쿨버스, 준비물): 300만 원(2,800 달러)

= 총 월소비액: 최소 498만 원(4,600달러) 필요

이러한 월 소비액을 통해 경제적 안정을 이루기 위해서는 어느 정도의 금액을 얼마 동안 준비해야 할지 산정할 수 있어. 사람마다 경제적 안정의 정의는 모두 달라. 그래서 각자가 짠 예상치를 통해 얼마나 효율적으로 나의 커리어와 미래를 위한 투자를 만들어가야 하는지 알 수 있을 거야. 이건 꿈의 크기인 거지.

나는 리더십 코치인 롤리 다스칼의 "인생이란 자신을 찾는 것이 아니라, 자신을 만드는 것"이란 말을 믿어. 또한 동기부여 전문가로 널리 이름이 알려진 찰스 존스는 유명한 말로 여기에 화답하지.

"지금부터 5년 후의 내 모습은 두 가지에 의해 결정된다. 지금 읽고

있는 책과 요즘 시간을 함께 보내는 사람들이 누구인가 하는 것이
다."

　산출된 금액은 훌륭한 동기부여제가 될 수 있어. 그리고 늘상 유
튜브 숏츠나 타인의 SNS를 넘나드는 습관에 빠져 있는, 회사에서는
그저 시키는 일만을 수동적으로 하고 있는 자신을 다시 주도적으로
일으켜 세우는 기폭제가 되지.

　한번 사는 인생 멋지게 살아보고 싶지 않아?

3

나이트: 내 핵심 가치

—

나의 스토리는
어떻게 브랜드가 될 수 있는가?

"지금 환자 분이 갖고 있는 증상은 '감기'입니다. 목 내부기관과 코 점막에 붉게 염증반응이 보이고, 잔기침이 많다는 말씀은 흉곽과 인두 부위 모두 현 증상에 연관되어 있을 가능성이 높습니다. 치료는…."

"잠깐, 지금까지 한 말을 다시 설명해보게."

의학 용어를 섞어 떠듬떠듬 설명하던 의대생은 사색이 되어 다시 환자에게 아까 한 말을 반복했지. 연세가 지긋한 의사는 다시 말했어.

"잠깐, 다시 처음부터 환자에게 설명하게."

이제 그 의대생은 거의 울기 직전이었어. 심지어 환자는 설명을 하는 의대생을 측은한 표정으로 바라보고 있었지. 기적은 일어나지 않았어.

의사가 결국 성난 목소리로 말했지.

"그렇게 설명하면 환자가 어떻게 알아듣겠나? 명확하고 쉽게 설명해서 환자를 안심시켜 줘야지! 지금부터 잘 보고 머릿속에 집어넣게!"

그리고는 돌아서서 환자 쪽을 보고 말하기 시작했어.

"환자분, 이 학생은 학생 의사입니다. 그렇지만 미래에는 우리를 치료할 의사가 될 사람이지요. 환자 분이 가진 증상은 '바이러스성 목감기'입니다. 일반적으로는 아목시실린을 쓰는 것이 맞지만, 지금 증상이 심하진 않아 저는 오늘 약은 처방하지 않을 겁니다. 대신 집에 돌아가셔서 따뜻한 차를 자주 드시고, 최대한 목을 건조하지 않게 해주세요. 1주일 안에 증상이 나아지실 겁니다. 만약 그 이후에도 나아지지 않으시면, 꼭 다시 오세요."

이야기를 듣고 있던 의대생은 비참한 기분이 들었지.

짐작했겠지만 내 얘기야.

의대 실습시절, 병원 진료실 안에서 닥터 가랄라Dr. Garala가 환자용 침대에 걸터앉아 나에게 환자에게 들은 증상을 바탕으로 진단과 치료를 설명해주라고 했어. 의사들은 당연히 매일 하는 일이었지만,

안타깝게도 한국인인 나는 영어가 능통하지 못했어.

실습을 마치고 나오는데 비가 주룩주룩 내렸어. 나는 청진기를 목에 그대로 건 채 눈물처럼 내리는 비를 맞으면서 터덜터덜 집까지 걸어왔어.

다음날 나는 벼룩시장에서 사온 전신 거울 앞에서 실제 환자에게 설명하듯이 연습했어. 나중에는 설명을 하며 몸짓도 곁들였지. 창문을 통해 누군가 봤다면 꼭 연극학과 학생이 연극 시험을 준비하는 것 같았을 거야.

그로부터 2주가 지났어.

이제 나는 제법 다양한 증상으로 오는 환자들을 청진하고, 진단에 대한 설명을 막힘 없이 할 수 있게 되었지. 그리고 가정의학과 실습의 마지막 날이 되었어. 닥터 가랄라는 마지막 진료가 끝난 뒤 나를 환자 의자에 앉혔지.

"대욱, 이 실습을 통해서 뭘 배웠나?"

"환자를 어떻게 진료하고, 어떻게 마음으로 소통해야 하는지 배웠습니다."

늘 굳은 표정의 노의사 닥터 가랄라는 그때 처음으로 나에게 미소를 지어줬어.

"대욱, 늘 잊지 말아야 할 게 있네. 언제나 환자의 마음을 먼저 알아야 해. 자네는 늘 성실했어. 오늘 일이 앞으로의 의사 생활에 도움이 되길 바라네. 이제 가봐도 좋네."

태어나서 처음으로 실제 환자와 소통했던 그때의 성적표에는 '만족'이라고 적혀 있었어.

내가 만약 이 이야기를 어느 회사의 면접에서 한다면 어떨 것 같아? 이 이야기에는 4가지의 요소가 들어 있어.

1. 당면 문제: 영어가 원활하지 못해 환자에게 진단을 잘 설명하지 못하는 동양인 의대생.
2. 가이드: 닥터 가랄라의 호된 꾸지람과 이에 따른 각성.
3. 행동 촉구: 전신 거울 앞에서 환자에게 설명하는 것을 피나게 연습.
4. 성공: 평가에서 닥터 가랄라의 진심 어린 응원과 만족스러운 평가를 받음.

도널드 밀러는 《무기가 되는 스토리》에서 "브랜드 전략의 핵심은 반복해서 말할 수 있는, 간단하면서도 마음에 와닿는 메시지를 만드는 것이다. 그래야 브랜드가 대중의 인식에 각인된다"고 했지.

우리의 모든 이야기들은 브랜드가 될 수 있어. 그것을 어떻게 스토리로 풀어나가느냐가 중요해. 평범하고 밋밋한 삶을 살았다고 말하는 사람조차도, 남들이 듣고 싶어하는 이야기 한두 개 정도는 반드시 있어.

그 이야기가 우리의 '퍼스널 브랜딩'이 될 것이고, 그게 바로 '정체성'이야. 더 나아가서는 커리어에서 '의미'를 찾게 만드는 핵심이 되는 거야.

마케팅 전문가로 뽑히는 러셀 브랜슨은 《브랜드 설계자》에서 '가치 사다리 강령VLMS_Value Ladder Mission Statement'이라는 용어를 설명하고 있지. 고객의 가치 사다리를 그리면서 "우리는 우리가 제공하는 '어떤 것'을 통해서 '누군가'가 '무엇을' 성취하도록 돕는다"고 하지. 여기서 어떤 것은 내가 가진 '가치'이고, 누군가는 내가 서비스를 제공하는 '대상'이야.

내 책을 예로 들면, 내 책의 가치 사다리 강령은 이렇게 될 거야.
"나의 경험을 통해 도출해낸 '성공적인 커리어 쌓기, 그에 따른 경제적 자립 시스템'을 공유함으로써, 반복되는 일상에서 '도전을 포기'한 사람들에게 '새로운 자유로움'을 성취하도록 도울 것이다."

그리고 추가적으로 이 세 가지를 함께 기억하면 좋겠다는 메시지를 줄 거야.

1. 당신이 봉사하고 싶은 사람은 어떤 사람들인가?

2. 당신은 '꿈의 고객'에게 어떤 결과를 가져다 줄 수 있는가?

3. 당신이 고객에게 제공하고 싶은 새로운 기회는 무엇인가?

퍼스널 브랜딩이 진정한 '의미'를 갖기 위해서는 내가 가진 스토리가 명확해야 해. 그래야 누군가가 원하는 가치를 진심으로 전달할 수 있어. 오늘따라 닥터 가랄라 선생님의 쩌렁쩌렁한 목소리가 많이 그립네.

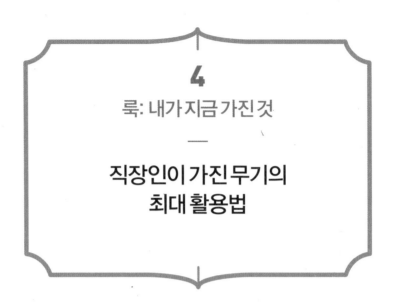

4
룩: 내가 지금 가진 것

—

직장인이 가진 무기의
최대 활용법

한때 유명한 글로벌 CEO였던 분께 라이브 타운홀에서 사회자가 짓궂은 질문을 했어.

"대표님을 평소에 가장 힘들게 만드는 건 뭔가요?"
"월요일 아침에 일어나서 회사 가는 겁니다."

전 직원 앞에서 모두가 공감할 수 있는 말을 용기 있게 말한 그 CEO를 나는 그 순간부터 마음 깊이 존경하게 되었어.

맞아, 직장인은 아침에 일어나면 반드시 회사에 가야 해. 그래야 월급을 받을 수 있어.

그 말을 반대로 해석해보면 특별히 예외적인 경우를 제외하고, 직장인은 계약서에 따라 월급이 정해진 날짜에 따박따박 나와. 창업이나 자영업을 하거나, 고정적인 수입이 없는 사람들은 잘 알 거야. 정기적으로 들어오는 '월급의 힘'이 얼마나 강한지.

그렇다면 우리는 지금 '숨을 쉬고 있는 동안'에도 돈이 들어오고 있는 거야. 여기서 말하는 건 절대적인 '금액'을 말하는 게 아냐. 우리의 대표적인 수입의 구조적인 특성인 '시스템'이 어떻게 돌아가는지를 이해하자는 거야.

월급은 우리가 그 회사를 그만두지 않는 이상 계속 지급될 것이고, 그것은 우리에게 새로운 도전과 노후를 대비할 수 있게 만드는 가장 강력한 무기야.

그런데 내가 지금 하는 일이 미약하고 보잘것없다고 해서 미래의 가능성까지 포기하고 모두를 밀어내는 방어기제로 살아가게 된다면, 앞으로도 그 월급 그 상태에 계속 머물게 될 거야.

그렇지만 모든 것에는 끝이 있기 때문에 언젠가는 당연히 새로운 일을 찾아야겠지. 그리고 동일한 시간에 더 많은 능력치를 달성한 사람들과 경쟁하게 된다면, 높은 확률로 그때보다 더 못한 일을 하게 될 확률이 높아.

내가 존경하는 한 대표님은 이렇게 말했어. "자신이 어느 정도의 가치를 가지고 있는지 알고 싶으면 자신을 시장에 한번 던져봐라."

우리가 냉정한 사회라는 체스보드에서 이기는 방법은 세 가지 단계로 나눌 수 있어.

1. 월급의 절대적인 금액이 높아지고 안정적이 되도록, 회사에서 유망한 직급을 가진 인재로 발전한다.
2. 월급으로 목돈을 만들어 높은 현금 흐름을 만드는 자산에 투자한다.
3. 여가 시간에 '콘텐츠 소모자'가 아닌 '콘텐츠 생산자'가 되도록 노력한다.

나는 지금도 불친절한 카페 직원이나 식당에서 힘든 일을 하면서도 주위 사람들에게 퉁명스럽게 대하는 어린 친구들을 보면 안타까운 마음이 들어. 그 작은 마음의 방어기제는 별 의미가 없거든.

그런데 회사 안에서 영향력을 가진 존재가 조금만 불편한 내색을 해도 주변 사람들은 긴장해. 그리고 그 존재들은 대체적으로 훨씬 더 높은 연봉을 받지. 나는 높은 연봉이 우리 같은 회사원들이 궁극적으로 지향해야 할 목표라고 생각해. 밑에 있든 위에 있든 어차피 힘들다면, 위에서 힘든 게 훨씬 더 나아.

두 번째로, 직장인은 상대적으로 '변동성'이 낮아. 월급이든 업무든 드라마틱한 큰 변화는 자주 일어나지 않지. 누군가는 그런 상황을 다람쥐 쳇바퀴 같다고 생각할지 모르지만, 그 쳇바퀴를 매일 돈 다람쥐는 야생으로 돌아가도 다른 경쟁자들보다 훨씬 빠르게 나무를 탈 수 있는 튼튼한 근력을 갖고 있지.

상대적으로 낮은 직장인의 변동성은 '고정된' 하루 일과에서 자기 발전을 할 수 있는 '습관'과 '기회'를 챙길 수 있어. 그 시간은 직장 이후의 나를 만드는 제2의 브랜딩 정체성을 구축할 수 있지.

1급 바리스타, 심리 상담사, 심리 분석가, 미국 경영대학원Executive MBA, 자기계발 저서 국문 영문 포함 4권, 브런치 작가, 사단법인 개인 엔젤투자자, 1만5천 명의 구독자가 있는 링크드인 인플루언서, 이 모두는 내가 직장을 다니면서 얻은 나의 두 번째 브랜딩 정체성이야. 심지어 이 모든 일을 하면서도 나는 매달 회사로부터 월급이라는 돈을 받았지.

모든 것은 내 '낮은 변동성'을 어떻게 받아들이는지에 따라 결과치가 너무나 달라져.

마지막으로, '콘텐츠'를 자체적으로 생산할 수 있는 능력을 들 수 있어. 이 능력이 있다면, 단기적으로는 힘들지만 한 칸씩 '퀸'을 향해 체스보드의 끝으로 전진하고 있는 완벽한 폰이라고 생각해.

책을 쓰는 것은 너무도 좋은 형태의 지식 비즈니스가 되기도 해. 하지만 두터운 분량의 원고를, 그것도 일하면서 쓰는 것은 쉬운 일은 아니야. 이 책을 쓰면서 절실하게 느꼈지.

그래도 나는 첫 번째로 '글쓰기'를 추천해. 책을 쓰는 것은 어렵지만 글을 쓰는 일은 진입 장벽이 낮아. 글을 쓰고 온라인에 올리는 것만으로도 전체 인구의 상위 1%라는 말도 있어. 그만큼 대부분의 사람들은 내 생각을 감추고 그저 있는 콘텐츠를 소비만 하고 있는 거지.

나는 이 책을 쓰는 지금 1만5천 명 이상의 글로벌 팔로워를 보유한 인플루언서이기도 해. 이러한 플랫폼의 장점은 '전 세계'의 독자들이 내 생각을 공유할 가능성이 높다는 거야.

만약 글보다 라이브나 영상으로 내 생각을 표현하는 것이 더 편하다면 짧은 영상을 올리는 것도 좋다고 생각해. 대부분의 성공한 유튜버들은 처음 몇 개의 영상이 실패하더라도 멈추지 말고 계속 다양한 방법으로 시도하는 것이 좋다고 말해.

나의 가능성을 조금이라도 높이기 위한 방법으로는 다양한 플랫폼 안에서 반복적으로 시도해보는 것이 가장 좋다고 생각해. 그리고 그 모든 과정에는 자신에 대한 '무한한 자신감'이 있어야 해.

미국의 한 병원에서 심장 수술 의사가 인터뷰에서 이렇게 말한 적이 있지.

"환자들은 심장 수술 전에 많이들 불안해합니다".
"이해할 만하죠."
"하지만 전 항상 그들에게 중요한 것을 얘기해줍니다."
"전 불안하지 않다구요."

우리는 직장인으로서 과연 어떤 무기를 가지고 있을까? 16년에 가까운 정규 교육과정을 마치고 어렵게 직장에 들어갔지만, 우리는 미래가 늘 불안하지.

이 불안한 사회에서 결국 필요한 것은 직장인이 가진 '고정적 월급'과 '낮은 변동성', '시간'이라는 무기를 사용해서, 내가 원하는 삶을 얼마나 빠르게 만들어갈 수 있느냐가 가장 중요한 게임 체인저야.

어때, 직장인인 당신도 가진 무기가 많지 않아?

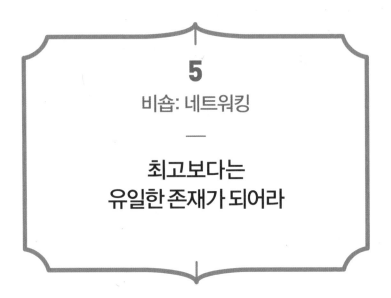

5
비숍: 네트워킹

—

최고보다는
유일한 존재가 되어라

나이가 들수록 늘어야 하는 게 있어. 바로 '남의 눈치 안 보기'야. 우리가 성공이라 부르는 '퀸Queen'을 향해 첫걸음을 떼려면 먼저 알아야 할 것이 있어. 이 세상에는 우리가 믿고 있는 신 외에 '절대적인 최고'라는 것은 존재하지 않아.

우리는 누군가와 경쟁해서 이기고 그 위에 올라가면 최고가 될 거라고 생각하지만, 그 위에 또 다른 상위가 있기 때문에 평생 '절대적 승자'는 될 수 없어.

그렇지만 지구상에서 '유일한 존재'가 되는 것은 가능해. 80억 인구 모두가 각자 다르게 태어나고 저마다 다른 특성을 가지고 있듯이 지금 우리가 가진 능력은 너무나도 독창적이야. 그러니 그 독창

PART 2 기초작업

적인 특성을 최대한 많은 사람들에게 '알릴 수 있어야' 해.

내가 좋아하는 말 중에 "마인드셋이 나머지로부터 최고를 구분짓는다Mindset is what separates the best from the rest"라는 말이 있어.

앞에서 내가 현재 외국계 글로벌 대기업의 상무 이사로 성공적인 커리어를 이어오고 있다는 말을 했었지. 숨겨진 이야기가 하나 더 있어. 그 전의 회사에서 사실 나는 스케일이 다른, 더 성공적인 커리어를 만들어가고 있었거든.

전 회사에서는 한국에서의 성공적인 리더십과 M&A 이후 조직의 안정성을 인정받아 호주, 싱가포르, 한국, 대만을 포함한 11개 아시아-태평양 국가의 의학 포트폴리오 매니지먼트를 총괄하는 총괄자로 약 3년 간 싱가포르와 한국에서 근무했어.

그 안에서도 희귀질환을 포함한 약 17개의 전문 분야에서 24개의 혁신적인 신약의 파이프라인을 총괄하는 역할이었지. 공식적으로 전체 아시아-태평양 의학부 총괄자의 공식적인 후임자로 등록되었어. 시간만 지나면 탄탄하게 보장된 미래가, 심지어 다양한 나라에서 온 최고의 성과를 내서 승진한 같은 직급에 있는 내 경쟁자들의 눈에도 당연하게 보였지.

그때 싱가포르에서 아내가 쌍둥이를 임신했다는 것을 알게 되었어. 우리는 오랜 기간 아이들을 너무나 기다렸으니 감사하고 기쁜 일이었지. 그러나 기쁨도 잠시 'COVID-19'가 터지면서 말레이시아 학회에 참석했던 싱가포르 내국인 3명이 코로나 양성 판정을 받았어. 그때는 공식적인 이름도 없이 '정체불명의 폐렴Pneumonia'으로 불리던, 모든 것이 불확실하고 말할 수 없이 두렵던 시기였어.

나는 태아와 아내의 안전을 위해 서둘러 회사에 양해를 구하고 아내와 함께 한국에 들어왔어. 이후 싱가포르를 왕래하며 약 3년간 아시아-태평양 의학 포트폴리오 총괄 업무를 진행했지.

아기들이 태어나고 그렇게 업무를 진행한 지 1년여가 지나, 싱가포르 출장에서 돌아와 어느덧 걸음마를 하는 아들과 딸을 돌보고 있었어. 그때 영화의 한 장면이 펼쳐졌어. 아직 걸음마도 익숙하지 않은 아들이 나를 향해 걸어오면서 "아빠!"라고 부르는 거야.

그 순간 내면의 단단한 무언가가 빠지직 소리를 내며 '부서지는' 느낌이 들었어. 그때 나는 내 인생의 항로를 바꾸게 되었지.

"대욱! 내가 지금까지 살면서 가장 후회되는 것이 하나 있네."

"무엇입니까?"

"내 딸이 지금 대학입학을 준비하고 있어. 그런데 그 아이가 커가는 동안 내가 일에 몰두하느라 함께 있어주지 못해서, 지금 너무나도 허무하고 고통스럽다네."

"그래도 지금 누구보다도 크게 성공하지 않으셨습니까?"

"그건 전혀 중요하지 않아. 내가 지금 너무나도 괴로운 것이 당시 내가 일로 만났던, 내 사춘기 딸의 황금 같은 시간과 바꾼 전 세계 수많은 대학교수들의 얼굴이 전혀 생각이 안 나. 자네는 절대로 나처럼 살지 말게."

지금도 내가 존경하는 멘토, 36개 국가의 의학부 항암부서의 총괄자이자 당시 나를 아시아-태평양 지부로 승진시켜 주신 예전 상사가 했던 말이 세게 내 뇌리를 스쳤어.

나는 곧 결정을 내렸어. 한국에서 새로운 기회를 찾으려 한다는, 입이 떨어지지 않는 어려운 말을 상사에게 했어. 50대 중반의 싱가포르 항암내과 의사 출신인 내 상사는 감정을 감추지 못하고 눈물 지었어. 마침내 5년 간 함께 일해왔던 의학부 총괄자들, 리더들, 매니저들과 어렵고 애틋한 이별을 했어.

세상이 말하는 '보장된 성공' 그 모든 기회들을 뒤로 하고, 13년 전에 지금의 아내를 위해 영국 대학병원의 안정된 의사직을 마다하고 한국으로 왔던 것처럼, 내 쌍둥이들을 위해 다시금 한국행을 선택했지. 일생의 전환점이었어.

한국에서 새로운 회사에 입사한 지 얼마 되지 않아 나는 혁신적인 신약을 포함한 4개 부서의 의학부 부서장이 되었어. 특히 '척수성 근위축증SMA_Spinal Muscular Atrophy'으로 알려진 희귀질환 치료제이자 국내 최초의 유전자 치료제인 '졸겐스마Zolgensma'를 의학부의 업무에서 한국에 처음 출시하는 역할에 기여했지.

하지만 이전과 굳이 비교하자면, 앞에서 말한 회사에서 나는 내 관할에 있던 11개 국가의 새로운 신약을 출시하는 데 가장 중심적인 결정을 하는 지부 핵심관계자Key Stakeholder의 업무를 총괄했어. 개인 예산도 충분히 있었지.

두 번째로 다시 한국에 들어왔을 때, 나는 마치 콜드플레이Coldplay의《비바 라 비다Viva La Vida》의 가사가 현실로 이루어진 느낌을 받았지.

난 한때 세계를 지배했지
내 말 한 마디에 바다엔 파도가 일었어
그러나 이제 아침에는 혼자서 잠을 자고
한때 내 소유였던 거리를 청소하고 있지

I used to rule the world
Now in the morning I sleep alone
Seas would rise when I gave the word
Sweep the streets I used to own

그렇지만 나는 지금도 내 선택에 후회는 없어. 물론 사람인지라 가끔 현타가 올 때도 있긴 하지만, 그때마다 환하게 웃고 있는 아이

들의 얼굴과 유치원 학부모 위원으로 선출
되어 활동하는 것으로도 나는 충분히 보상
받았다고 생각해.

늘 쌍둥이 아이들의 든든한 아버지로 살
아가고 있지.

어린이집 재능기부 수업 장면

'최고'냐고 묻는다면 당연히 세상의 기준
으로는 이해할 수 없어. 그렇지만 나는 '최
고'라는 타이틀을 버림으로써 세상에서 가
장 '유일한 존재'가 되었어. 그리고 그 결정
으로 인해 누구보다도 '유일한 스토리'를 가진 존재가 되었다고 확신
해. 내 인생의 큰 그림에서 보았을 때, 이러한 결정은 회사에서의 위
치 같은 것과 비교할 수 없는 더없이 소중한 가치야.

누군가 내게 만족하냐고 묻는다면 나는 대답할 수 있어.
"지금껏 내가 살아온 그 어떤 시간보다 만족해."

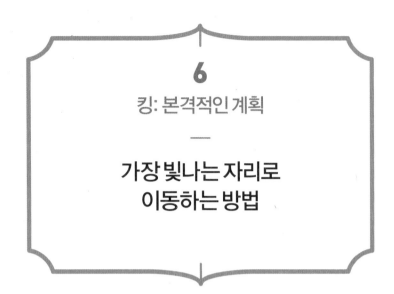

6
킹: 본격적인 계획
—
가장 빛나는 자리로
이동하는 방법

체스보드에서 킹King은 여러 말들에게 둘러싸여 있어. 그리고 킹 바로 앞에도 폰이 하나 있어. 만약 폰이 뒤돌아 본인의 왕을 볼 수 있다면 좋겠지만, 안타깝게도 게임이 시작되자마자 대부분 그 폰은 앞으로 전진해야만 해.

내가 지킬 존재가 누구인지도 모르는 상태로 앞만 향해 나아가는 폰. 어쩌면 우리의 무기력한 일상과 비슷하지 않을까?

자, 지금부터 우리는 자신을 '하나의 기업'으로 봐야 해.

모든 좋은 기업은 반드시 비전, 미션, 목적의 세 가지가 분명하게 존재하고 있어.

경영전략의 세계적인 석학으로 불리는 하버드 경제대학원의 신시아 A. 몽고메리 교수의《당신은 전략가입니까?》에서는 이 세 가지를 명쾌하게 정리하고 있지.

비전: 미래의 어떤 시점에 기업이 (또는 당신이) 도달하고자 하는 곳(미래상).

미션: 그 비전에 도달하기 위한 선언서.

목적: 기업이 (또는 당신이) 처한 경쟁 환경에서 차별화된 결과를 낼 수 있는 것.

SWOT 분석을 통한 자기분석 및 강점 활용 전략

강점 Strength	• 성격의 장점 • 비즈니스 역량 • 개인적 경험, 경력 • 학업, 사회적 특징 • 취미, 특기, 자격증 • 신념, 끈기, 근성, 인맥 등	• 성격의 단점 • 학력, 학점, 자격증 등 • 외국어, 해외경험 • 나이, 공백기간 • 가정, 경제적 여건 • 신체, 외모, 핸디캡 등	약점 Weakness
기회 Opportunity	• 학교 내 기회 • 대외적 기회 • 가족, 친지 등 • 인터넷, SNS, 소셜 미디어 • 동아리, 동호회, 알바 등	• 노동, 산업, 취미 환경 • 학교, 교육 환경 • 국가, 사회 환경 • 지역, 글로벌 환경 등 • 치열한 경쟁사회, 경쟁시대	위협 Threat

정철상, 《대한민국진로백서》, 중앙경제평론사

이 부분을 '기업'이 아닌 '나'로 바꿔보면 완벽한 플랜이 만들어지게 돼.

비전: 경제적 걱정이나 제약 없이 사랑하는 사람들과 함께하는 시간을 자유롭게 가지며, 더 높은 자기계발과 자아성장에 도달할 수 있는 역량을 갖춘다.

미션: 복리의 원리를 이해하고, 성공적인 커리어를 통해 지금보다 더 많은 시드머니를 빠르게 확보하여 안정적인 현금 흐름 시스템을 구축한다.

목적: 나만의 특별한 강점과 기회를 통해, 5년 내에 남들보다 앞서나가는 커리어의 성장과 자아실현의 단계를 이룬다.

나는 기업에서 늘 전체 그림을 봐야 하는 하이레벨의 전략을 짜는 역할을 하고 있어. 모든 기업에서 사용하는 전략적 방법인 'SWOT' 분석과 같은 부분은 개인에게도 동일하게 적용할 수 있다고 생각해.

지금 내가 가진 강점과 약점, 기회와 위협들을 정리해보면 나의 현재 자원이 어디에 있고 어떠한 강점을 최대한 활용할 수 있을지 알 수 있을 거야. 이 원리가 바로 요즘 트렌드로 회자되는 '메타인지'라는 방식이야.

나에 대한 구체적인 성찰이 끝났다면 이제 본론으로 들어갈게. 아무도 가르쳐주지 않는 성공적인 커리어의 성장과 승진에 대한 오해와 진실을 말해줄게.

PART 3 퀸사이드 Queenside

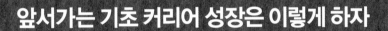

앞서가는 기초 커리어 성장은 이렇게 하자

회사는 친목을 위해 다니는 곳이 아니야.
돈 벌러 다니는 곳이지.

이왕이면 배울 점이 있거나
더 높은 사람들과 친해지려고 노력해.

영국에서 의대 본과의 임상 과정 중에 병원에서 실습할 때의 일이야. 2명씩 짝을 이루어 임상 교수님을 따라 병동과 외래 진료에서 환자의 진단과 치료를 배웠지.

하루는 오후 외래를 마치고 난 뒤 지도 교수님이 농담 삼아 우리에게 말했어.

"만약 우리 의사들의 전체 생애를 생물학적Biology인 관점에서 보았을 때, 지금의 자네들은 어디에 있을 것 같은가?"

"아마 먹이사슬의 최하단에 있지 않을까요?"

"맞아. 지금의 자네들은 원생 동물Protozoa 단계야. 끊임없이 주변의 배울 수 있는 정보들을 잡아먹으며 계속 몸집을 불려나가야 하네. 그러다가 어느 순간에는 직립 보행을 하고 있을지도 모르지. 절대로 뒤처지면 안 되네."

오전과 오후 내내 외래 환자들을 보고 난 뒤 기분 전환 삼아 농담처럼 하신 그 말씀이 지금까지도 기억에 선명하게 남아 있어. 이제 의대를 졸업한 지 13년차가 된 내 경험에서도 '끊임없이 성장하는 것'이 가장 중요하다고 말할 수 있기 때문이지.

앞서가는 기초 커리어 성장은 이렇게 하자

북유럽 신화에서 반인의 피를 가진 '오딘'은 눈 덮인 들판을 달리는 '펜릴'과 우리가 잘 알고 있는 '토르' 등에 비해, 지혜롭기는 하지만 물리적인 힘은 약한 것으로 알려져 있어. 그런데 어떻게 불완전한 오딘이 지금까지도 다른 존재들보다 강한 이미지로 신화에 등장할까?

대답은 간단해. 한 가지 가설은 오딘은 '약한 인간의 요소'가 있었기 때문에 '끊임없는 성장'이 가능했다는 거야. 처음 시작점에서는 약한 인간의 형태였지만, 성장을 거듭할수록 더 이상 성장할 수 없는 다른 강한 존재들을 앞설 수 있었고, 결론적으로 그들을 모두 이길 수 있었다는 스토리야.

우리는 이번 장을 통해 어떻게 하면 새로운 또는 이미 정해진 직장에서 남들보다 더 앞서갈 수 있고 끊임없이 성장할 수 있을지를 배우게 될 거야. 한 방울씩 떨어지는 낙수가 단단한 바위를 뚫을 수 있듯이, 지속적인 성장은 우리의 삶에 불가능했던 일들을 가능하게 만들어줄 거라 믿어.

그럼 커리어의 성장을 위해 함께 살펴볼까.

아무도 말해주지 않는
시크릿 면접 기술 4가지

자, 지금부터는 신입 구직자나 이직자를 위한 그 누구도 말해주지 않는 면접의 기술을 말해줄게. 솔직히 말하면 나는 세상에서 면접이 가장 즐거워.

미친 사람 아니냐고? 맞아.

면접은 세상에서 가장 고급스러운 도박 중 하나라고 생각해. 성공이냐 실패냐로 갈리는 50대 50의 확률도 중요하지만, 그보다 사람과 사람 간 서로 일할 관계를 확인한다는 부분에서 면접은 무엇보다도 내가 앞으로 일할 사람을 알아갈 수 있는 소중한 기회야.

그런데 왜 도박이라고 생각하냐고?

내가 함께 일할 사람이 어떤 사람인지, 그 자리에서 얘기해보기 전까지는 알 수 없으니까. 심지어 내가 알았다고 생각하는 그 사람이 실제로 일을 시작하게 되면 완벽하게 다른 사람이 되기도 하니까.

그럼에도 불구하고 면접을 통과하지 못하면 경제적, 시간적 '자유로움'으로는 절대로 나아갈 수 없어. 그래서 우리는 그 돌아가는 판의 기본원리를 배워야 해.

나는 승진해서 아시아-태평양 지부에서 11개 국가의 의학부 포트폴리오 관리 총괄로 있을 때, 운 좋게도 면접관들의 관점Framework을 표준화시키는 사이드 프로젝트를 맡은 적이 있어. 그때 우리가 '인재'를 면접할 때 어떤 질문을 해야 하는지, 어떤 대답들에 일반적으로 점수를 높게 주는 것이 맞는지를 함께 연구했었지.

면접에서 합격점을 주는 포인트는 대부분 세계적으로 비슷해.

1. 본인의 생각과 가치를 명확하고 명료한 언어로 전달할 수 있다.
2. 상대방의 말을 '경청'한다.
3. 어려운 질문에서도 평정심을 잃지 않고 시종일관 예의를 유지한다.
4. 상대의 입장을 먼저 배려한다.

그 외에도 여러 가지가 있지만 크게 4가지 가장 중요한 내용만 정리했어. 눈치가 빠르다면 알 수 있겠지만 이 중 두 가지는 '자신'에 대한 부분이고, 나머지 두 가지는 '상대'에 대한 부분이야.

그럼에도 일부러 순서를 섞어놓은 것은 그만큼 면접은 '상호 소통 적인Interactive' 관계가 중요하기 때문이야.

2016년에 나는 결혼을 약 2달 앞둔 상황이었어. 처음 일했던 유럽 덴마크에 본사가 있는 글로벌 제약기업에서 8년 만에 블록버스터 신제품을 출시하고 확장하며 열심히 일하고 있을 때야.

그때 독일에 본사를 둔 글로벌 제약기업에서 자리를 하나 제안 받았어. 당시의 직급에서 두 단계 위의 이사직이었고, 두 명의 업계 오랜 경력의 팀원들을 매니저로서 관리하는 중요한 자리였지.

심지어 지금은 모두가 아는 미국 글로벌 기업 및 국내 굴지의 거대 제약기업과 함께 파트너십 형태로 합작하여, 제2형 당뇨병에 대한 신제품을 출시해야 하는 정말 중요한 역할이었어. 너무나 하고 싶었지.

면접을 보러 갔을 때 면접장에는 독일인 의사인 아시아-태평양 지부 총괄 부사장이 앉아 있었어. 그는 이 면접을 위해 한국 출장 체류기간을 하루 더 늘렸대.

일반적인 상황이었다면 죽을 만큼 긴장되는 순간이 아니었을까?

면접을 무사히 마쳤어. 그때 면접을 안내해주시던 인사부 담당자 분이 조금 의아한 얼굴로 내게 물었어.

"혹시… 면접이 재미있으세요?"
"왜 그렇게 물어보시지요?"
"너무 즐거워 보이셔서요."
나는 문득 유리 자동문에 비친 내 얼굴을 보았지. 정말 나는 눈과 입을 벌리고 환하게 웃고 있었어. 2시간 10분 동안 내 미래의 커리어를 좌지우지할 수 있는 사람과 대화하던 그 시간이 무척이나 즐거웠던 거야.

나중에 이사직으로 입사하고 나서 싱가포르에서 그때의 면접관을 다시 만났어. 함께 점심을 먹는데 그분이 내게 물었지.
"대욱, 그때 나하고 얘기하면서 뭐가 그렇게 재미있었지?"
"같은 가치관을 가진 사람과 얘기할 수 있어서요."

솔직히 말하면 사실 속으로는 떨려 죽을 뻔했지만 나는 반 정도는 자기 암시를 했었고, 반 정도는 아시아-태평양 의학부 총괄사장 같은 사람들은 과연 어떤 생각을 하며 '사는지'가 궁금했어. 그 두 가지가 면접 내내 동기부여의 기폭제가 되었던 거야.

면접에서 좋은 모습을 보이는 건 간단해.

"너 자신이 되어야 해 Be Yourself."

면접은 하나의 연기라고 생각하는 사람들이 있어. 그 순간만을 모면하려고 자신의 가장 좋은 모습을 연기해. 그리고 나 같은 못된면접관들은 그런 순간을 가장 날카롭게 짚어내.

나는 면접관일 때 악명이 높았어. 면접자들을 가장 많이 울린 면접관 중 하나였거든. 그 이유는 간단해. 나는 면접에서 마음에 드는 사람들의 '민낯'을 보려고 해. 그 민낯은 보통 포장된 자아 속에 꽁꽁 숨겨져 있지.

그런데 실력 있고 태도가 좋은 사람들은 예상하지 못한 질문을 받게 되면, 무의식적으로 자신의 가장 깊숙한 '초자아Ego'가 나타날 때가 있어. 면접에서 내가 울린 사람들은 어떤 질문에서 본인이 미리 더 연구해올 수 있었던 부분을 내가 깊게 파고들었을 때, 자신에 대한 실망감으로 우는 경우가 많았어.

그런 사람들은 '잠재력'과 '가능성'이 있는 사람들이야. 실제로 일을 할 때 누가 시키지 않아도 본인이 알아야 할 내용을 정확히 파악하고 철저하게 준비하는 사람들이지.

그렇지 않은 사람들에게는 나는 한없이 착한 면접관이었어. 왜냐고?

"다시 볼 일이 없으니까."

일론 머스크는 말했어. "나는 천재가 아닙니다. 그렇지만 천재들을 팀으로 두고 일하고 있습니다"라고.

'인사가 만사'라는 말이 있어. 좋은 인재를 적소에 배치하는 것만으로도 내가 해야 할 일과 조직 전체에 대한 이익이 크게 증가해. 잘못된 사람들이 들어왔을 때 조직이 감내해야 하는 시간적, 물질적 비용은 모두 큰 손실이야. 전문용어로는 '매몰 비용Sunken Cost'이라고 말하지. 반대로 말하면 결국 '사람'이 가장 중요해.

면접의 기술적인 부분에서 두 가지 유용한 기술을 더 나눠볼게.
심리학에서 상대가 나를 좋아하는지 알 수 있는 가장 간단한 방법이 뭔지 알아? '하품'을 해보는 거야. 사람의 무의식적 행동에는 '전염성'이 있어. 만약 상대가 너를 은연중에 계속 보고 있었다면 너를 따라서 하품을 할 거야.

이 부분을 기술적으로 진화시킨 것이 바로 '미러링Mirroring'이라는 기술이야. 미러링은 상대의 행동을 비슷하게 따라함으로써 마음을 열고 함께 소통한다는 것을 무의식적으로 보여주는 비언어적 표현이야.

내가 영국 워릭 의대에 면접을 보러 갔을 때, 오전 8시부터 오후 6시까지 다양한 테스트를 했었지(해당 내용은 기밀이라 의대 규정상 말하면 안 된대). 일반 면접 시간에 교실에 들어가니 한 의사 선생님이 앉아 있었지.

나는 자리에 앉자마자 그분이 안경을 치켜올리면 나도 치켜올리고 한쪽 다리를 꼬면 나도 그렇게 했어. 도움이 되었는지는 모르지만 면접이 끝나고 나올 때 그분은 내게 긍정적인 미소를 지었지.

미러링의 본질은 '동질감의 형성'이야. 생물학적으로 모든 동물들은 자신과 비슷한 행동을 하는 대상에게 더 관심이 간다고 해.

두 번째 유용한 기술은 '패러팅Parroting'이라고 해.

패러팅은 상대가 말한 말의 마지막 문장을 내가 대답할 때 '앵무새처럼' 반복하는 기술이야. 보통 남녀가 연애할 때 유용하다고 하는데, 내 경우 면접에서도 유용했어.

쉽게 말하면 이렇게 되는 거야.

"실제 제약업계가 움직이는 패러다임을 보면 앞으로는 현장에서 의료 보건 전문가들과 의학적으로 소통하는 능력이 더욱 중요해질 거야. 너는 그 부분에 대해서 어떻게 생각하지?"

"실제 변화하는 패러다임에서 효과적으로 의료 전문가들과 의학적으로 소통할 수 있는 능력의 중요성에 대해 물어보신다면, 저는 이렇게 대답드리고 싶습니다. 첫 번째로 이러한 변화는 앞으로의 커뮤니케이션 방식이 콘텍스트Context의 정보 전달만큼이나 대면 기술Soft

Skill이 더욱 중요할 것이라 생각됩니다. 두 번째로 이를 위한 효과적인 의학부 내 커뮤니케이터들의 육성과 성장을 장려할 수 있는 동기부여가 무엇보다 중요할 것입니다. 세 번째로 이러한 의미 있는 변화들이 장기적 관점에서는 제약 산업의 핵심 과제들에서 사회적으로 어떤 변화를 앞당기게 될지, 지속적이고 면밀하게 관찰하며 모니터링하는 것이 중요할 것이라 확신합니다."

뒷부분의 내용은 이미 면접 전에 준비했던 대답이야. 앞부분에서 질문자의 질문을 한번 더 짚어주는 것만으로도 내가 사전에 준비한 대답이 훨씬 전문적이고 풍성하게 들리는 것을 알 수 있어.

잊지 마.

"악마는 늘 디테일에 있어Devil's in their Details."

2

입사와 이직 후에
반드시 세팅해 두어야 할 일

이 부분은 세 명의 전문가들이 도와줄 거야.

이 책의 저자인 나와, 보직 이동, 리더십, 협상 분야의 세계적인 권위자인 마이클 왓킨스, 미국 최고의 자기계발 전문가인 제임스 클리어, 이렇게 세 명의 전문가야.

첫 직장이 되었든 이직한 직장이 되었든, 그 조직에서 가장 빠른 시간 내에 시스템을 이해하고 내게 필요한 관계를 선점해서, 가장 유리한 조건으로 조직을 장악하는 기술을 가르쳐줄 거야.

먼저 입사 첫날, 노트북을 받을 거야. 그때부터 너의 브랜드 메이킹은 시작되었다고 보면 돼. 부드럽게 그러나 단호하게 궁금한 부분들을 물어봐. IT 쪽에서 일하는 직원 분들은 대부분 신규 입사자들에게 반복적으로 설명하는 업무에 지쳐 있어. 그들을 존중해주고 최대한 따뜻하게 말해줘. 입사 첫날부터 IT 직원 분을 네 편으로 만들어야 돼. 그분들이 노트북 세팅과 기본 계정을 설정해주는 것을 당연하게 생각하지 마. 필요하면 끝나고 나서 따뜻한 커피라도 한 잔 선물해.

지금까지 가장 기초단계가 끝났다면, 이제 본격적으로 조직의 원리를 배울 차례야. 마이클 왓킨스는 새로운 보직이동이 되었을 때 필요한 중요한 원리를 다음의 10가지로 정리했어.

1. 스스로를 승진시켜라

마음속으로 자신을 옛 자리로부터 분리시켜새 자리를 맡을 준비를 해야 한다.

2. 신속히 파악하라

시장, 제품, 기술, 시스템, 구조는 물론 새로운 조직의 문화와 정치도 파악해야 한다.

3. 상황에 맞는 전략을 구사하라

행복 계획을 세우기 전에 먼저 상황을 정확히 진단해야 한다.

4. 초기 승리를 확보하라(중요)

부임 초기의 승리는 여러분에 대한 신뢰를 높이고 추진력을 확보하는 밑천이다. 새로운 직책을 맡은 지 첫 몇 주 안에 신뢰를 얻을 기회를 찾아내야 한다.

5. 성공 기준을 협상하라

새로운 상사와 생산적인 업무 관계를 구축하기 위한 방법, 상사의 기대를 조정할 방법을 찾아야 한다.

6. 재조정하라

지위가 올라갈수록 조직 설계자로서의 역할이 중요하다.

7. 자신의 팀을 건설하라

부임 초기에 단호한 인사 조치를 취하는 결단력, 사람을 적재적소에 배치하는 능력은 전환기에 성공을 이끄는 중요한 힘이다.

8. 협력관계를 구축하라

성공하는 데 도움이 되는 사람이 누구인지를 파악하고, 그 사람을 내 편으로 만들 방법을 찾아야 한다.

9. 균형 감각을 유지하라

보직 이동에 따른 개인적, 직업적 혼란 속에서 균형감각을 유지하고, 올바른 판단력을 잃지 않도록 노력해야 한다. 적절한 조언과 상담을 구할 수 있는 인적 네트워크도 반드시 필요하다.

10. 모든 사람을 가속시켜라

체계적인 보직 이동은 조직 전체에 엄청난 이익이 된다.

_마이클 왓킨스의 《90일 내에 장악하라》 중

지금부터 이 10가지 핵심원리가 실전에서 어떻게 쓰이는지 내 경험을 통해 말해줄게.

나는 새로운 조직에 들어가면 가장 먼저 두 가지를 늘 요청해.

1. 내가 속해 있는 조직의 조직도

2. 전체 직원의 연락 주소록 Directory

내가 속해 있는 조직의 조직도는 무조건 외워놔야 해. 얼굴과 이름을 빠르게 매치해두면 좋아.

입사 첫날에도 커피는 마셔야지? 커피를 마시러 사내 카페나 자판기 앞에 갔다가 우연히 내가 속해 있는 조직의 구성원을 만날 수 있어. 이때 외워놓은 조직도를 통해 간단한 소개와 맡은 업무를 물어봐. 일주일만 지나도 조직의 핵심 구성원들과 금방 익숙하게 친해질 거야. 그리고 그 익숙함은 초반에 너의 큰 무기야.

연락 주소록을 받은 이유는 전체 조직의 '구조'가 어떻게 이루어져 있는지 '큰 그림'을 먼저 이해하기 위해서야. 유독 어떤 조직의 구성원이 비대할 정도로 많지? 그럼 그 조직은 회사에서 중요한 인적 자원의 투자를 하고 있는 팀일 가능성이 높아.

또한 너의 업무에 가장 필수적인 협력 관계가 필요한 부서의 구성원 이름을 외워봐. 그리고 누군가가 그 사람의 이름을 부르는 소리를 들으면 '반갑게' 그 사람의 얼굴과 이름을 기억해. 그렇게 심리적으로 '파블로프의 개'처럼 학습된 너의 표정이 실제 그 사람을 만났을 때 자동화되어 조건 반사로 나타날 거야.

만약 이직을 해서 새로운 직장에서의 하루를 시작한다면 먼저 앞의 핵심 원리 1번과 2번, 3번을 기억해야 해. 정확하게는 이제 내가 보는 관점을 더 넓고 깊게 봐야 해.

이 부분을 고급한 표현으로는 '버드뷰Bird-view'라고 해. 하늘에서 새가 내려다보는 것처럼 조직 전체를 볼 수 있는 통찰력이 있어야 한다는 말이야. 그리고 입사 후 최소 3개월에서 6개월 정도는 말도 안 되는 변화는 만들지 마.

우선 상황을 먼저 파악하고, 변화를 만들 부분을 내 메모장에 적어놓고 조직 내에서 내 편부터 만드는 거야. 왓킨스는 이렇게 말해.

"새로운 회사에 부임한다는 것은 조직 이식 수술을 받는 것과 같다."

따라서 네가 이미 조직에 들어왔다는 것은 조직의 입장에서는 그들의 몸에 너라는 새로운 조직을 '인위적으로 접합'시킨 것과 마찬가지야. 수술이 성공할지 실패할지는 아무도 모르지.
따라서 이직 초기에 있어서 빠르게 핵심 관계자들과 가까운 관계를 형성하는 것이 중요해. 그들이 너라는 새로운 조직을 신속하게 받아들일수록 접합 수술은 성공적이 될 거야.

입사 초기부터 한 달까지의 플랜은 이렇게 돼. 먼저 본인의 업무와 실적에 관련된 내용, 회사의 최상층의 핵심 전략이 무엇인지를 파악해야 돼. 그리고 그 비전과 전략이 어느 선까지 전달되고 있는지 아는 것이 중요하지. 이때는 항상 가장 작고 사소한 일까지 꼭 메모해 두어야 해. 예전에 내가 썼던 메모는 이랬어.

"정○○, 임상개발부서 소속, 임상시험 담당. 대화를 할 때 동의하지 않는 부분에서는 고개를 약간 오른쪽으로 돌리는 경향 있음. 메일과 실제 대화에서 톤앤매너Tone and Manner가 살짝 다르게 느껴짐. 유독 강아지가 나오는 주제가 대화의 많은 부분을 차지함. 아침마다 텀블러에 아메리카노와 얼음을 가득 담아 책상으로 이동함. 퇴근시 책상이 늘 정리되어 있음. 부서의 박00과 친한 편임. 같은 회사 동아리에 소속되어 있음. 요일에 따른 기복은 거의 없음. 전문 분야는 임상시험의 진행이며 연구자와의 커뮤니케이션, 찾고 있는 가이드 문서의 빠른 발견 등에서 도움을 받을 수 있음."

이렇게만 적어두어도 급할 때 해당 구성원이 원하는 방식으로 대화를 나눌 수 있어.

잊지 마. 너는 아직 조직에 있어서는 인위적으로 이식된 피부라는 것을. 너의 색깔을 드러내는 것은 90일 이후에도 충분히 할 수 있어.

일주일 정도 회사의 핵심 전략과 조직에 대해 이해한 부분들을 첫주 마지막에 상사와의 일대일 미팅에서 물어봐. 내가 이해하고 파악한 내용들이 맞는지, 혹시라도 추가로 알아두면 좋은 것은 없는지. 가장 중요한 것은 이렇게 상사와 가깝고 친밀하게 논의할수록 너의 능력도 높게 평가 받을 가능성이 높아져.

그렇게 4주를 반복하고 입사 후 한 달이 되면 이제는 조직 내 핵심 관계자들을 만날 차례야. 이 부분은 내 직급이나 자리와는 아무런 상관이 없어. 일단 조직에서 오래 근속한 사람들과 우선적으로 티타임이나 점심을 조율해.

여기서 중요한 것은 그 사람들에게 어떤 일정을 제안하기 전에 먼저 진심으로 그 사람들을 마음 깊이 존중하고 그분들의 전문성을 깊이 배우고 싶다는 겸허함과 진정성이 반드시 선행되어야 해. 관계를 위한 연기는 거짓의 관계일 뿐이야.

만약 부담스러워하는 성격이라면 그 사람이 무슨 카페에서 뭘 자주 마시는지 봐두었다가 전혀 예상 못한 타이밍에 전해. 음료를 사다가 갑자기 떠올라서 같이 사왔다고. 물론 그 정도 대화는 나눌 수 있을 정도로 사전에 인사 정도는 해놔야 돼. 그리고 음료를 건네는 5분여 동안, 그 사람이 내 업무를 이해할 수 있도록 내 업무 범위도 짧게 말해줘.

답은 최대한 동질감을 만드는 거야. 대학병원에서는 이를 라포 Rapport 또는 본딩Bonding이라고 해. 아무리 가벼운 프로젝트를 하는 사람이라도 내면에는 중요한 목적이 있을 수 있어.

라포는 '내적 친밀감'을 나타내. 환자나 간호사 등 핵심 관계자들과 라포를 잘 쌓는 것은 실력 있는 의사의 기본 중의 기본 태도야.

핵심 관계자를 만나면서 해야 할 일이 하나 더 있어. 그건 바로 회사의 핵심적인 프로세스를 이해하는 거야. 구매 절차, 승인 과정, 승인 결정권자, 그리고 추가적으로 조직의 약점과 강점도 알아둘 필요가 있어.

그리고 네가 알게 된 내용을 끊임없이 상사와 확인해. 내가 말한 대로라면 90일 동안 네가 상사와 일대일로 말할 수 있는 기회는 최소한 이론적으로 '12~14번'이어야 해.

여기서 마이클 왓킨스가 추천하는 구체적인 모델이 도움이 될 거야.

"스타스 모델STARS Model은 새로운 조직의 상황을 다섯 가지 비즈니스 상황으로 구분한 것으로 시작Start-up, 회생Turnaround, 급속성장 Accelerated Growth, 재조정Realignment, 성공 지속Sustaining Success으로 정의" 될 수 있어.

네가 새롭게 시작한 조직이 여기서 어느 정도의 비즈니스 상황에

속해 있는지 확인하고, 그에 따라 적절하게 너의 포지셔닝을 만들어야 해.

입사 초기에 가장 많이 하는 실수가 '상사와 대화'하지 않아서 생기는 부분이야. 상사는 너의 가장 든든한 조력자이자 핵심 관계자의 최상위층이라는 것을 기억해야 해.

그 상사가 네가 왜 남들보다 먼저 승진해야 하는지 진심을 다해 리더진을 설득할 정도의 관계가 되었을 때, 너의 성공이 남들보다 빠르게 될 것은 굳이 얘기 안 해도 알겠지?

나의 경험상 상사와 말하는 법은 다음과 같아.

1. 불가근 불가원

   너무 가깝지도 너무 멀지도 않게.

2. 노 서프라이즈No Surprise

   어떤 뉴스라도 사전에 상사가 알고 있어야 해. 입장을 바꿔놓고 보면 너도 업무에서 놀라운 상황을 맞닥뜨리고 싶지 않잖아.

3. 상사의 방식을 바꾸려고 하지 말자

   그것만큼 바보 같은 일은 없어. 일단 상사의 업무 스타일을 존중하되 너의 고유한 업무 방식을 바꾸지는 마.

4. 기대 범위를 확실하게 할 것

   기대의 범위를 설정해. 어떤 것이 성공인지 너와 상사 간에는 명확한 이해와 합의가 되어 있어야 해. 그렇게 되면 너의 작은 성공에 상사는 누구보다 호응하고 지지해줄 거야. 네 손이 닿지 않는 더 높은 라인에게까지 너의 성공을 적극적으로 알릴 거야.

이제 반복된 업무 내에서 60일에서 90일 사이에 해야 할 것은 바로 '초기 승리'야. 초기 승리는 말 그대로 상사와 합의한 목표와 기대에 따라 네가 해야 할 업무에서 성과를 나타내는 거지.

핵심 관계자들의 동의를 얻어내는 것, 묶여 있는 비즈니스에 새로운 해결책을 제시하는 것, 새로운 외부 관계자들의 인사이트를 조직 내에 공유하는 것, 이 모든 것들이 '초기 승리'의 범주에 들어가. 그리고 그 '초기 승리'를 최대한 잘 셀링Selling하는 것이 중요해.
이제 왜 직속 상사와의 관계가 가장 중요한지 알겠지?

여기서《아주 작은 습관의 힘》의 제임스 클리어가 등장해.
그는 "모든 습관 형성은 쉽게 만들어져야 한다"고 해. 자동적으로 빠르게 전환되어야 하는 습관이 복잡한 입력 과정을 거친다면 그건 아무 소용없다고 생각해. 그러기 위해서는 늘 메모하는 습관을 들이고, 그때그때 생각나는 것들을 다 적어봐.

나는 말하는 것을 받아 적는 앱과 메모장 두 개를 활용해. 운전을 하다가 떠오르는 생각들은 핸드 프리로 음성으로 말하고, 기록으로

저장해두는 편이야. 메모장은 손이 자유로울 때 늘 쓰고 저장하고 있어. 그 습관이 형성되면 점차 생각하지 않아도 빠르고 규칙적으로 움직여질 거야.

뇌과학에서는 이를 '로코모션Locomotion'이라고 해. 고양이가 오른쪽 앞발과 왼쪽 뒷발을 규칙적으로 동시에 사뿐사뿐 걷는 모양 있지? 그런 규칙적으로 자동화된 움직임이 습관을 통해 나타나게 될 거야. 90일이 지난 후에 너는 누구보다 조직에 대해 핵심을 알고 관계자들의 신뢰를 얻는 '조직을 실제로 장악한' 마스터 마인드가 되어 있을 거야.

이식 성공이지.

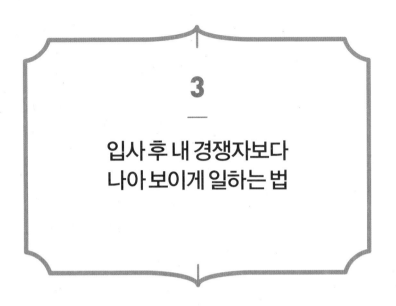

3

입사 후 내 경쟁자보다 나아 보이게 일하는 법

인간을 움직이는 동력은 크게 4가지라는 흥미로운 이론이 있어. 바로 '동기, 인지, 행동, 정서'인데, 이 중 하나라도 적합하지 않으면 마음은 내가 생각하는 대로 움직이지 않는다고 해.

동기는 '어떤 일을 하고자 하는 의욕'이야. 인지는 '생각하고 정보를 받아들이는 방식'이며, 정서는 '마음이 외부에 반응하는 결과', 그리고 마지막으로 행동은 '실행하고 움직이는 모든 것'이라고 얘기해.

여기서 절대로 하면 안 되는 두 가지를 말해줄게.

첫째, 너와 비슷한 사람들과 어울려서 담배든 커피든 함께하며 시간을 죽이면 안 돼. 네가 어울려 다니는 사람들이 지금 네가 만날 수 있는 최대의 사람들이야. 그렇기 때문에 이왕이면 배울 점이 있거나 네 직급보다 더 높은 사람들과 친해지려고 노력해.

회사는 친목도모를 위해 다니는 곳이 아니야. 돈 벌러 다니는 곳이지. 관계는 그 일을 잘하기 위해 생산적으로 계획하여 만들어야 돼. 너의 물리적인 하루 업무 시간은 정해져 있기 때문이지. 그래서 회사에서는 영원한 '친구'도 영원한 '적'도 없는 거야.

예전에 한 연예인이 TV에서 이런 말을 했어.

"나는 새로운 일을 시작할 때 절대 지인에게 조언을 구하지 않는다. 대부분의 사람들은 내가 자신보다 낫게 될 것이 두려워, 그 방어기제로 나에 대한 걱정으로 포장하여 내 아이디어가 안 되는 이유를 조언할 것이기 때문이다."

대부분의 사람들은 네가 그들과 같은 생각을 하길 바라. 그러니 너를 끌어내릴 수 있는 사람들과는 너무 가까운 관계를 유지하지 않는 것이 좋아.

둘째, 너의 고통을 타인에게 얘기하지 마.

헐리우드에서 가장 성공한 레슬러이자 한때 출연료 1위에 올랐던 50대의 드웨인 존슨Dwayne Johnson은 이렇게 말했어.

"너의 문제를 타인에게 알리지 마. 80%는 그 문제에 대해 관심이 없을 것이고, 나머지 20%는 네가 그 문제를 가지고 있다는 것을 기뻐할 거야."

진심으로 하는 말인데 대부분의 상대는 자신들의 삶이 너무 바쁘고 여유가 없어서 너의 문제들을 깊게 생각해줄 시간이 없어. 그리고 자주 문제만을 얘기하는 사람은 조직에서 '불평불만이 많은 사람'으로 선입견이 생기게 될 가능성이 높지.

그렇지만 의도적으로 문제를 드러내는 것이 도움이 될 때가 있어. 그건 바로 네가 그 문제의 '해답'을 찾았을 때야.

모든 평범한 사람들은 해피엔딩을 좋아해.

"나는 어떤 장애물과 문제를 갖고 있었지만 뛰어난 분석과 방법 모색으로 성공적으로 그 문제를 해결할 수 있었고 한 단계 더 성장할 수 있었다"라는 스토리텔링은 모두의 마음을 움직여.

네가 해야 할 일은 그들 마음에 슈퍼히어로의 이미지를 각인시켜주는 거야.

이미 그 순간부터 너는 새로운 가치를 만드는 '성공의 2% 클럽'에 들어온 거야. 어렵게 입사한 회사에서 불평불만을 입에 달고 일하는 사람과 "저 사람도 분명히 나만큼 힘들 텐데 어떻게 저렇게 웃을 수 있지?"라는 생각이 들게 만드는 사람의 미래는 머지 않아 매우 다른 결과를 가져오지.

4

좋은 태도는
힘이야

뒤집어진 작은 거북이 바닥에서 버둥거리는 모습을 본 적이 있어? 앙증맞은 팔다리를 흔드는 거북이 누군가에게는 귀엽게 보이기도 할 거야. 사실 거북의 폐는 등딱지 쪽에 있어서 뒤집히게 되면 호흡이 막히고, 심할 경우 장기도 손상이 돼.

그런 거북을 보고 바로 도와주려는 사람은 거북에 대한 기본적인 지식과 높은 감성지수(EQ)를 동시에 갖고 있음이 분명해.

앞에서 말한 EQ는 이제 IQ와 SQ를 모두 뛰어넘는 새로운 경쟁력이 되었어. 글로벌 기업들에서는 이미 EQ를 가장 중요한 평가지수로 넣는 회사들도 생겨나고 있지.

선천적으로 남들보다 감수성이 더 민감한 사람들도 있지만, EQ는 학습을 통해 민감도를 높일 수 있다고 생각해. 여기 한 인플루언서가 쓴 '어른의 예의'라는 글이 있어.

어른의 예의

1. 남의 서랍은 열지 않는다(사적 비밀에 호기심을 품지 않는다).
2. 상대가 뭔가 지르면 부러워해준다.
3. 지나간 일을 꺼내지 않는다.
4. 조언을 하기 전에 감탄부터.
5. 친구를 사귀려면 칭찬과 선물이다.
6. 뭔가 좋다고 말할 때 찬물 끼얹지 마.

_데브캣나크 @DungeonKim

이러한 EQ는 상대적으로 MBTI의 F들이 가지고 있는 경우가 많아. 하지만 T의 감성을 가지고 있더라도 최소한 1, 3, 5, 6번은 할 수 있을 거야.

내가 본 명언 중에 와닿았던 말이 있어. "좋은 사람과 그렇지 않은 이를 구분하려면 상대에게 착하고 상냥하게 대해주어라."

왜 그럴까? "좋은 사람은 후일 한번쯤 너에 대한 보답을 고민해볼 것이고, 그렇지 않은 이는 슬슬 가면을 벗을 준비를 할 것이다"라고 했지.

호의가 반복되면 당연한 것으로 아는 사람들이 있고, 그 호의를 더 큰 호의로 되돌려주려는 사람이 있어.

반대로 생각해봐. 상대도 너를 그렇게 평가할 거야. 그러면 좋은 사람이 되기 위해 필요한 것은 아주 간단하지 않을까?

경제학의 대가로 유명한 지그 지글러는 "너의 적성이 아닌, 너의 태도가 높은 자리를 만든다"라고 말했어. 즉 좋은 태도는 힘이야. 그리고 가장 좋은 너의 경쟁력이지.

그러니 최소한 사람들을 만날 때만큼은 너의 에너지를 끌어올려 명랑한 모습을 보이는 것이 좋다고 생각해. 이 말은 억지로 너의 내면을 속이면서까지 연기를 하라는 것이 아니야. 누군가를 만나거나 대중 앞에 설 때, 그 자체를 기대감으로 바꾸어 마음 깊숙한 곳에서부터 즐거워하는 것을 연습하라는 뜻이야.

또한 너의 복장도 아주 중요해. 코코 샤넬은 이렇게 말했어. "상대를 외모로 판단하지 마라. 그러나 명심해라. 당신은 당신의 외모로 판단되어질 것이다"라고. 가끔 내 주변에도 "내면이 중요하지 외적인 부분이 뭐가 중요한가요?"라고 말하는 사람들이 있어.

생각해봐. 후줄근한 트레이닝 복이나 목이 늘어난 티셔츠를 입고, 슬리퍼를 질질 끌며 걸어가는 사람의 내면이 궁금할까? 이건 외모에 대한 부분이 아니야. 최소한 상대를 위한 '예의'를 말하는 거야. 그 사람을 위한 복장을 통해 예의를 '표현'하는 거야.

또한 옷을 잘 입는다는 것은 타인에게 잘 보이기 위함도 있지만, 나의 자신감을 위해서이기도 해.

자신이 스티브 잡스나 마크 주커버그처럼 항상 같은 청바지에 티셔츠를 입고도 천문학적인 투자금이 걸린 신제품 설명회에서 자신 있게 설명할 수 있을 정도의 강한 내면의 사람이 아니라면 말이야. 기본적으로 좋은 옷을 입는 행위만으로도 내 마음의 자신감이 조금은 더 강해진 느낌이 들 거야.

남자들의 경우 상대적으로 더 쉽다고 생각해. 대체로 킹스맨 처럼 비싸지 않아도 제대로 된 정장 한 벌이면 자신감을 드러낼 수 있지. 여성의 경우도 프로다운 모습을 보일 수 있는 복장이면 충분하다고 생각해.

내가 일했던 3번째 글로벌 기업에서 나를 채용했던 당시 외국인 대표이사님이 언젠가 나를 보며 이렇게 말했지.

"이 친구는 늘 옷을 잘 차려입고 온단 말이야. 볼 때마다 늘 좋은 옷을 입고 있어 This guy always wears a nice cloth. Everytime I see him."

해외 전략회의 시작 10분 전 커피 타임에서 자신과 함께 있던 다른 글로벌 리더에게 나를 이렇게 소개했어. 당연해. 그 옷은 내가 실험 끝에 가장 반응이 좋았던 브랜드 디자인의 정장이었으니까.

우리가 정장을 입고 고급 레스토랑에 가면 '세련되게 행동'하고 싶어하는 심리와 같은 거야. 그렇지만 코코 샤넬의 말처럼 절대 겉모습만으로 사람을 판단하면 안 되겠지. 이건 우리 자신을 거울로 삼아 남들에게 진심을 전하기 위함일 뿐이야.

이제 왜 마음과 몸의 '태도'가 중요한지 알겠지?

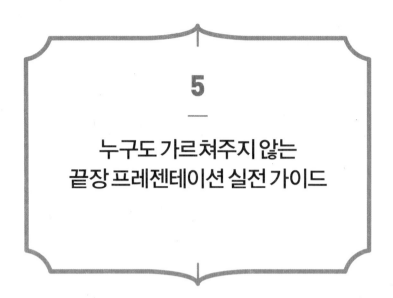

5
누구도 가르쳐주지 않는
끝장 프레젠테이션 실전 가이드

발표는 너를 비슷한 남들보다 돋보이게 할 어마어마한 무기야.

나는 지금까지 영국 대학병원 및 다국적 글로벌 기업에서 기억나지 않을 정도로 많은 프레젠테이션을 진행했었어. 많을 때는 한 달에 13~16번도 발표를 했으니, 횟수를 세는 것 자체가 어느 순간부터는 큰 의미가 없었지.

청중 앞에 서기 전에 필요한 준비, 실제 콘텐츠의 전달력, 결론에 이르기까지 발표는 내 경험에 비춰볼 때 하나의 극적인 연출과 기획이 필요한 영역이야.

개인적으로 프레젠테이션은 체스보드의 '기사(나이트)'의 역할과 같다고 생각해. 정해진 칸을 종횡무진 누비며 예측 불가능한 움직임을 만들어 상대를 놀라게 만들기도 하고, 실제 얻고자 하는 승리에 승기를 잡게 만드는 선봉장의 역할을 하기도 하지. 지금부터 내가 말할 내용은 책에서 많이 다루어지지 않는 발표자를 위한 비장의 '실전 가이드'야.

"자, 다음으로 ○○○님의 발표가 있겠습니다!"

사회자의 안내가 나오기도 전에 마음은 쿵쿵 뛰고 '왜 내가 이걸 하겠다고 했지', 후회와 더불어 여러 복잡한 마음이 들 거야.

자연스러운 현상이야. 글로벌 리더 분들조차 훌륭한 발표를 마치고 난 후 '너무 떨렸다'고 솔직하게 말씀하시는 분들이 절반이 넘어. 떨리는 것은 너무나 당연한 반응이지만, 그렇더라도 무대에 올라가는 순간 발표자는 '극적인 연출가'가 되어야 해.

내가 영국 리더십 워크숍에서 배운, 우리가 발표를 시작할 때 가장 먼저 해야 할 세 가지가 있어.

1) 에토스 Ethos

에토스는 '화자話者의 고유 성품'이야. 발표에 이를 적용하면, 청중에게 먼저 나의 '신용 Credibility'을 보여줘야 해. 수많은 청중들이 '내 이야기'를 들어야 하는 '이유'를 만들어주는 거야.

예를 들어 내가 "지난 7년 간 다양한 글로벌 헬스케어 기업에서 희귀 질환을 연구했던 경험을 바탕으로 오늘 발표 드릴 내용은"이라고 했을 때, 청중은 이미 알고 있던 나의 이력과 발표의 주제가 연결되어 발표에 더 '몰입'하게 돼. 만약 내가 "저는 패션에 대해 잘 모르지만 어쩌다 보니 발표하게 되었습니다"라고 시작하면 이미 우리의 뇌는 바로 스위치를 꺼버려. 그렇기에 발표 서두에 반드시 나의 '신용'을 청중에게 전할 수 있는 방법으로 오프닝을 시작해야 하는 거야.

이런 식으로 하면 '그 주제'를 전달할 '전문가'가 나밖에 없다는 것으로 발표 초반에 기선제압을 하는 효과도 있어. 만약 내가 그런 전문성이 없다면? 쉬워. 그 전문성을 가진 사람을 예로 삼아 주제와 연결된 가벼운 아이스브레이킹Ice-Breaking을 진행하면 돼. 한번 들어봐.

"마케팅의 대가인 세스 고딘은 《의미의 시대》에서 일과 일터의 새로운 돌파구를 제시했습니다. 오늘 제가 말씀 드릴 주제인 우리의 삶에 새로운 돌파구를 제시하는 것은…." 여기서는 경영학의 대가인 '세스 고딘'을 레퍼런스로 하여 내가 말하고 싶은 주제로 자연스럽게 에토스를 연결시키는 방법이야.

2) 파토스Pathos

파토스는 '화자話者의 감정'이야. 뇌과학에서 우리의 뇌는 이성으로 생각하기보다 감정을 먼저 처리해. 대형 콘서트의 시작 전에 먼저 분위기를 띄우는 것도 먼저 관객의 '감정을 여는' 단계로 생각해도 되지.

파토스는 청중의 마음을 열게 만드는 '한마디'인 거야. 보통 파토스를 '나의 스토리'와 연결할 수 있다면 말하고자 하는 주제와 자연스럽게 연결이 될 거야.

2023년 2월, 회사 워크숍 둘쨋날에 첫 번째 발표자로 회사의 향후 파이프라인에 대해 발표를 했어.

물론 내 파토스가 준비되어 있었지만 새벽까지 즐거운 시간을 갖고 아침에 숙취로 힘들어하시는 분들 앞에서 R&D에 대한 주제를 30분 간 발표하는 것은 누구나 쉽지 않겠지.

그때 한 분이 내 첫 번째 슬라이드를 보고 물었어. "대욱 님은 여러 학위가 많으신데 각각 어떤 학위인지 설명해주실 수 있을까요?" 공교롭게도 나는 의대, 연구대학원, 경영대학원을 포함하여 4개의 학위가 있었고, 발표할 주제는 4가지 핵심질환 분야였어. 나는 이렇게 대답했어.

"제 4개의 학위도 중요하지만 오늘 제가 발표 드릴 주제는 더욱 중요한 4가지의 저희 차세대 핵심 파이프라인입니다. 사실 이 내용을 빨리 전달 드리고 싶어 어제부터 무척 기대하고 있었습니다. 더 시간이 가기 전에 빨리 설명 드리고 싶습니다. 그럼 시작해볼까요?"

이후는 짐작할 거라 생각해. 의자를 젖히고 듣고 있던 사람들이 몸을 바로 세우고 집중해서 듣는 경험을 했지. 스테이지에 올라가는 순간, 내 '감정'은 나를 보고 듣는 사람들에게 선명하게 드러나. 이 자리에 있는 나도 너무나 이 이야기를 들려주고 싶었다. 그래서 지금 무척 즐겁다. 이 같은 긍정적인 감정은 전염성이 있어서 청중에게도 그대로 전달이 돼.

결국 좋은 프레젠테이션은 초반에 내가 일으킨 이 작은 불꽃을 어떻게 잘 유지시켜 클라이맥스까지 가지고 가는가가 관건이라고 할 수 있어.

3) 로고스Logos

마지막은 로고스야. 로고스는 '말'을 뜻해. 이제 화자가 누군지 알았고 청중의 마음도 열었다면, 그때 비로소 콘텐츠가 들어가는 거야. 청중은 이미 마음이 열린 상태이기 때문에 어떤 주제로 발표하더라도 몰입도가 잠시 유지될 수 있어. 그때 핵심 메시지를 최대한 간결하게 전달하는 것이 가장 중요하다고 할 수 있어.

러셀 브랜슨의 《마케팅 설계자》에서는 성공적인 세일즈 퍼널Sales Funnel을 '후크Hook, 스토리Story, 서제스천Suggestion'의 세 가지 필수적인 영역으로 정의하고 있어. 이 부분을 풀어서 설명해볼게.

"왜 의사가 되고 싶으세요?"

내가 지원한 영국의 4개 의대에서 면접관들이 공통적으로 물어본, 어쩌면 교과서 같은 질문이야. 영국 의과 대학U.K. Medical School의 평균 합격률은 15%이고, 내가 졸업한 워릭 의대Warwick Medical School의 자국민 입학 합격률은 13%였어. 그중 학교에서 지정한 외국인 학생의 입학 비중은 7.5%이므로, 그 해 400명이 입학한다면 단 4명이 외국인 학생이라는 뜻이야. 그럼 총 지원자 수는 평균 3,077명이 되니, 일반적으로 외국인이 영국 의대에 들어갈 확률은 최소 770명 중 1명이라는 계산이 나와. 전 세계 외국인 학생들과의 경쟁에서 이긴다는 가정 하에 말이지.

이런 '악랄한' 확률을 굳이 말하는 이유가 있어. 만약 그렇게 힘들게 지원한 대학에서 내게 '면접' 요청이 온다면 어떤 느낌일까? 밤을 새고 식사를 거르더라도 철저하게 준비하지 않을까? 그런데 그렇게 준비해도 대부분은 면접에서 떨어져. 왜 그럴까? 해답은 이제부터 내가 나누려는 이야기 속에 있어. '언어적Verbal VS 비언어적 의사소통Non-verbal Communication'에 대해 이야기해보려 해.

심리학자이자 UCLA의 교수였던 앨버트 메라비언Albert Mehrabian은 상대방에 대한 인상이나 호감을 결정하는 데 보디랭귀지는 55%, 목소리는 38%, 말의 내용은 단 7%만 작용한다는 유명한 말을 남겼어.

우리는 구체적인 내용과 세부 사항을 프레젠테이션에서 전달해. 말은 정확하게 전달되어야 이해하기 쉽고, 필요한 정보를 효과적으로 전달할 수 있는 도구가 되어야 하지.

그렇지만 만약 말의 단 7% 내용만이 전달된다면 우리는 어떻게 커뮤니케이션을 해야 할까? 앞서 면접 요청이 왔을 때 나는 두 가지 전략을 사용했어.

A) 공간 리허설Spatial Rehearsal

실제와 같은 상황에서의 리허설이야. '발표 잘하는 법'을 검색해보면 '스크립트를 외우지 말고 키워드를 외워야 자연스럽게 발표할 수 있다'라는 내용이 많아. 나는 반대로 '상황에 따라' 내가 발표할 스크립트를 대체적으로 외우는 것을 추천해.

만약 발표의 배경이 내가 잘 알고 있는 사람들 앞이라면 당연히 키워드를 숙지하는 것만으로도 충분히 자연스럽게 정보를 전달할 수 있어. 하지만 만약 발표 결과에 따라 천문학적 단위의 투자가 결정되는 프레젠테이션을 투자자들 앞에서 발표할 때, 그 키워드가 내 두뇌 회로 속에서 엉키지 않고 나올 수 있다는 보장이 과연 있을까?

그보다는 이미 외운 스크립트를 바탕으로 내가 상황을 보며 적절하게 길이, 분량, 톤, 딕션 등을 조절하는 것이 훨씬 쉬워.

여기에 더하여 실전에서 큰 도움이 되는 것은 '어떠한' 상황에서도 내가 준비한 내용을 '즉시 전달'할 수 있도록 준비해두는 리허설이야. 래퍼들은 생각하면서 랩을 하지 않아. 이미 머리가 아닌 '입에' 익숙하도록 '체화'해두었기 때문에 '무조건 반사'처럼 즉시 워딩이 나올 수 있는 거야.

나는 당시에 깨어 있는 모든 시간 동안 '내가 왜 의사가 되어야 하는지' 8분 가량의 스크립트를 연습했어. 생각나는 모든 상황을 가정하고 '가상의 면접관' 앞에서 수없이 연습했어. 그것도 동작을 크게 넣어서 실제처럼 웃으면서 연습했어.

심지어 시차 구분을 없애려고 한국에 있는 지인에게 아무 때나 전화를 해달라고 요청했지. 새벽 2시 반이든, 아침 7시든, 점심이든, 자정이든 전화를 받자마자 "It is my upmost privilege to introduce the reason that I would like to become a doctor, which I will share in 3 key pillars including…" 이렇게 8분 발표를 마치고, 다시 기절하듯 잠이 들었어.

이 기술은 내가 '발표의 오프로드'라고 이름 붙인 기술이야. 상황이 어떻든, 무대가 어떻든, 준비한 것을 생각하지 않고 발표할 수 있게 만드는 화법이지.

이 연습을 정확히 3일만 해도 어떤 무대든, 어떤 시간이 되었든, 내가 전달하고자 하는 메시지의 90% 이상은 분명하게 전달할 수 있어.

B) 톤Tone과 플로우Flow, 딕션Diction과 제스처Gesture

'말의 내용은 7%만 전달된다'고 가정할 때, 나머지 93%는 나의 '비언어적 소통'이야. 따라서 다양한 톤으로 한 번은 높게, 한 번은 낮게 조절하면서 스크립트를 연습해보고, 내게 가장 '편안한' 톤을 찾는 것이 중요해(이 연습은 처음 랩을 배울 때, 발성을 할 때도 동일하게 적용된다고 해).

플로우는 '접속사의 사용'에 따라 많이 달라져. 되도록 긍정적인 단어로 연결해나가야 말이 유려하게 이어질 수 있어. 예를 들어 "그렇기 때문에 ○○하게 결과를 보일 수 있었습니다!"와 같은 내용을 클라이맥스로 사용하면 좋아.

기본적으로 청중은 우리의 발표가 '기승전결'로 진행될 것을 예상하고 있어. 그렇기 때문에 A-B-C로 흐름을 이어나갈 때는 각 부제의 끝에 '다음을 기대하게 하는' 내용을 넣어주면 집중도가 분산되지 않아.

즉 A를 얘기한 뒤 "방금 말씀 드린 A에서 사실 '반드시' 알아야 할 요소가 하나 있습니다. 그것은…"으로 시작하여 B를 연결하는 것도 방법이야.

손동작은 클수록 좋아. 일반적으로 내 팔을 펴서 닿는 곳까지가 내 '공간적 영역'이라고 해. 그렇다면 발표시 최대한 자연스럽게 움직이면서 내 '영역'을 넓혀나가는 것이 자신감을 표현하는 중요한 요소가 되는 거야. 자신감이 얼마나 중요한지 한 예를 들어볼게.

저명한 국제 학회인 '2021 유럽 소화기내과 학회'에서 머리가 희끗 희끗한 한 교수가 연사로 나서서 무대에서 장내 미생물을 이용한 질환 치료의 발표를 하고 있었어.

청중은 새로운 연구 결과에 모두 감동 받은 듯하였지. 곧 질의응답이 이어졌어.

"좋은 강의 잘 들었습니다. 말씀하신 연구 주제의 이후 추가적인 실용적 관점은 어떤 것이 있을까요?"

안타깝게도 그 교수님은 영어가 편하지 않았고, 질문을 다시 묻는 진땀나는 상황이 여러 차례 벌어졌어. 결국 교수님은 어렵사리 대답을 마쳤고, 객석에서는 더 이상 질문을 하는 이가 없었어. 실제 내가 참석했던 오스트리아 국제학회에서 있었던 일이야.

나는 이 관찰을 통해 발표 후의 질의응답에 있어서 세 가지 매우 중요한 기술을 나누려고 해.

발표 후 질문이 들어올 때 그것을 즐거워하는 사람은 거의 없어.

어떤 질문이 올지 예측하기 어렵고, 그 내용이 내가 아는 내용인지도 알 수 없기 때문이야. 이때 백발백중 활용되는 효과적인 답변 방법을 알려주고 싶어.

a) 모든 질문에 공통적으로 필요한 대응 방법

어떤 질문이든 질문을 받았을 때 우물쭈물하는 모습을 보이는 것은 정말 안 좋아. 발표는 '자신감과 진실성'의 요소가 가장 중요하다고 얘기했어.

일반적인 질문을 받았을 때 긴장하지 않을 수 있는 가장 좋은 방법은 **"좋은 질문 주셔서 너무 감사합니다"**로 시작하는 거야. 우선 질문에 대한 답변을 하고 있는 상태이기 때문에 갑작스럽게 대응한다는 느낌을 줄일 수 있고, 동시에 답변을 생각할 수 있는 시간을 잠시라도 벌 수 있어.

b) 추가적인 정보 요청에 대한 답변(긍정적 질문)

대체적으로 이 유형의 질문들은 특정 슬라이드에 대한 보충 설명 또는 요약된 내용을 요청하는 경우가 많아.

이때는 대부분 내가 아는 내용이므로 이 기회를 활용하여 나를 더 돋보이게 할 수 있어. 내용을 모두 알고 있다는 전제 하에 '**스타 프레임워크**STAR Framework'를 **이용하여 기승전결을 만들어줄 수 있으**면 좋아.

스타 프레임워크는 의대 인터뷰에서 표준 답변으로 가장 많이 쓰이는 답변 형태야. S-Situation(상황), T-Task(역할), A-Action(행동), R-Result(결과)로 이루어져 있어. 아까 학회 질문에 대한 답변을 STAR로 정리해보면 다음과 같을 거야.

"먼저 좋은 질문 주셔서 감사합니다. 방금 발표 드린 장내 미생물의 이식을 통한 대장 염증의 치료는 지금도 다양하게 진행 중입니다(S). 이후 어떤 부분에서 추가적인 실용성이 있을지는 현재까지 저희 연구실에서 확인된 의학적 근거는 아직 제한적입니다(T). 그렇지만 저희 연구팀은 이번 연구를 통해 특정 질환에 대한 치료 반응 가능성을 찾았습니다(A). 이를 통해 이후 더 많은 대장성 염증 질환에 대한 새로운 연구 주제들이 생겨날 것으로 기대됩니다(R)."

c) 자극적, 공격적인 의도의 질문에 대한 답변(부정적질문)

부정적 질문은 단순히 나를 흠집내려는 의도로 들어오는 질문이야. 이러한 질문에서 반드시 피해야 할 것은 질문자와 절대 '대립구도'의 모습을 보여서는 안 된다는 거야. 그건 그 사람이 원하는 방식이야.

대신 상대방에게 그 질문 자체도 '일리는 있다'는 젠틀한 제스처를 보여주고, 내 의견을 추가로 답변해주면 돼.

이때 살짝이지만 피식 웃을 수 있는 유머가 들어가면 더 좋아. 개인적으로 이러한 답변을 가장 잘했던 사람은 미국의 로널드 레이건 대통령이었다고 생각해. 2차 토론 당시 나이가 많다는 것을 공격하고자 했던 기자의 질문에 그는 이렇게 대답했지.

"물론입니다. 그리고 이것도 알아주셨으면 합니다. 저는 이번 선거에서 나이를 문제로 제기하지 않을 예정입니다. 상대가 나이가 젊어서 경험이 부족하다는 것을 저는 절대 이용하지 않을 것입니다."

질문은 프레젠테이션의 '꽃'이자 '클라이맥스'라고 생각해.

가장 중요한 것은 내가 알고 있는 내용을 논리적으로 '설명'할 수 있어야 해. 만약 내가 전혀 모르는 내용이라면 이를 '인정'하는 것도 '진실성'을 보여주는 좋은 방법이라고 생각해.

나는 예전에 유명 강사 분께서 자신이 잘 모르는 질문을 받았을 때, 역으로 방청객에게 자연스럽게 질문을 토스하여 답변하는 것을 보며 감탄한 적이 있어.

이 모든 것이 갖춰진다 해도 가장 중요한 것은 역시 화자의 '진정성'이라고 확신해. 사실 나는 '진정성'이 깊다면 앞서 화법들이 다 완벽하지 않아도 발표가 성공할 가능성이 높다고 생각해.

감정은 항상 이성보다 먼저 전달되기 때문이지.

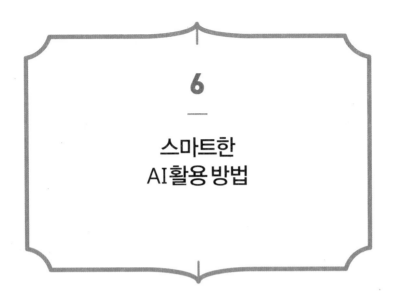

6

스마트한
AI 활용 방법

AI가 자동으로 영상을 만들어주는 프로그램의 등장은 이제 디자인과 소통의 전쟁이 다른 국면에 접어들었다는 것을 의미해.

그저 프롬프트를 적는 것만으로도 디즈니와 픽사에서 몇 십억 연봉을 받는 그래픽 디자이너들. 그들이 2달 넘게 걸릴 일들이 이제 10초면 완성되거든.

그럼 이제 그래픽 디자이너들은 모두 직업을 잃게 될까?

그럴 리가 없지. 오히려 더 많은 수요가 생겨나겠지. AI를 탑재한 전문성을 가진 스마트한 그래픽 디자이너들에 의해서 말이야. 이게 마이크로소프트의 CEO인 사티아 나델라Satya Nadella가 2025년 초에 말했던 그 유명한 '제본스 역설Jevon's Paradox'이야.

예전에 오픈AI-OpenAI가 나왔을 때 이런 글을 읽은 적이 있어.

"AI가 사람의 직업을 빼앗는 것이 아니다. AI를 아는 '인간'이 그 직업을 빼앗는 것이다."

나는 개인적으로 챗GPT와 AI를 쓰는 사람들 자체가 이미 상위 1%라고 생각해. 기본적으로 그 일이 필요한 사람들이 AI를 쓰는 거니까. 개인적으로 마켓 리서치Market Research나 새로운 시장에 대한 인사이트Insight가 필요할 때 나는 저 AI를 활용해.

그 분야의 프로페셔널한 전문가로 본인을 인식하라는 명령어를 주고. 가장 최신의 데이터 및 레퍼런스를 포함해서 리포트 형태로 작성해달라고 하면 끝나거든. 또한 긴 이메일을 정중하게 써야 할 때는 먼저 AI에게 초안을 작성해달라고 요청해. 그리고 작성된 내용을 내 말투로 교정해서 사용하지.

얼마의 시간이 절약되었을까?

평소에 일주일 이상 걸릴 준비 작업이 15분 안에 끝나게 되었어. 그러면 남은 일주일의 시간은 어떤 일을 하게 되었을까? 지금 보고 있지 않아? 내가 원하는 일을 마음껏 할 수 있어. 물론 이 책은 AI를 사용하지 않았어.

하지만 책이 나오는 시점에 나는 엔비디아의 www.runway.ai 웹사이트를 이용해서 영상을 제작할 것이고, www.Predis.ai를 통해서 내 책의 연관 주제들과 관계된 온라인 마케팅의 필수 요소들도 찾아볼 거야. www.wonderstudio.com을 이용해 내 책의 흥미로운 스토리들 중 몇 가지를 짧은 영화 숏츠로 만들 수도 있고, 테마송도 있으면 좋으니 www.suno.ai 나 www.Udio.ai를 이용해서 손쉽게 직접 자작곡도 만들 수 있어.

이제 AI는 우리 삶에 더 큰 양극화를 만들 거야. AI를 활용하느냐 못하느냐로 말야. 하루라도 빠르게 배워두는 것이 좋다고 생각해.
직장에서 AI를 사용한다면 다음의 두 가지가 나는 가장 유용했던 것 같아.

1. www.whismical.ai (마인드맵 도구)
이 웹사이트는 무료로 내가 생각하는 주제의 마인드맵을 만들어줄 수 있어. 방법을 모르더라도 그저 하위 주제를 클릭하는 것만으로도 세부 정보를 완성시켜 줘. 새로운 프로젝트 매니지먼트Project Management를 할 때 브레인 스토밍의 시간을 압도적으로 줄여줄 수 있어.

2. www.lilys.ai (영상을 요약해주는 도구)
이 웹사이트는 내가 매일 사용하는 없어서는 안 되는 필수 웹사이트야. 여기서는 유튜브 또는 영상 URL 링크를 넣어주면 해당 영상을 무료로 전체 스크립트를 요약해서 글로 정리해 줘. 특히 긴 영상 전체를 받아 적는 효과가 있어서 나중에 중요한 부분만 발췌해서 사용하기도 편하지. 추가적으로 받아 적은 스크립트를 AI가 핵심 내용만 요약해서 리포트 형식으로 만들어주기도 해. 무료 계정에서도 10분 안에 말이야.

AI는 위협적인 존재가 아냐. 갈수록 더욱 나의 가장 가까운 친구가 되어야 해.

유용한 AI 웹사이트 목록

원하는 영상 제작	runway.ai, Sora ai, Pika Ai, Invideo
무료 아이콘 생성	svg.io
광고 생성	VCAT.ai
음악 작곡 앱	suno.ai, udio.ai
웹사이트 만드는 앱	mixo.ai
클립 찾아주는 앱	getyarn.io
로고 제작	stockimg.ai, kittl.ai
VR 만들어주는 도구	blockadelabs.com
2D 이미지를 3D 이미지로 변환	meshy.ai
트렌드/대본 작업 - 블링	+ chatgpt, Claude, Perflexity, Genspark
영상 트렌디 자막 추가	autocaption.ai
애니메이션 제작	Leia pix, cap cut, pika.art, instaverse, animated drawing, Genmo, D-ID, Heygen, SadTalker, loopsie
PPT 제작	Gamma.ai
동영상 제작	Fliki
영상 광고 제작	Kaiber.ai
로고 제작	brandmark.io
Website 제작	durable.co, framer.com
이미지 제작	stockimg.ai , mage space, playground ai
무료 이미지 stock	pixabay
제품 사진 꾸미는 앱	Flair.ai
인물 사진 생성	tryleap.ai
영상을 글로 짧게 요약	lilys.ai
AI 마인즈냅	whimsical
긴 영상을 숏츠로 편집	Vizard

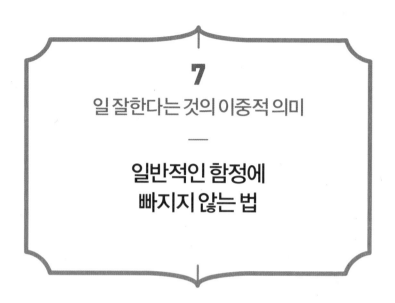

7

일 잘한다는 것의 이중적 의미

—

일반적인 함정에
빠지지 않는 법

우리가 하는 가장 큰 착각 중에 하나는 생각보다 우리가 스스로를 '좋은 사람'인 줄 착각하고 산다는 거야. 대부분의 직장 동료들은 우리에게 크게 관심이 없거나 그중 생각이 맞지 않는 몇몇은 우리를 적으로 보겠지.

일을 잘한다는 것은 경우에 따라 이중적으로 작용해. 일을 잘하기 위해서는 필연적으로 사람들과 더 부딪치고 민낯을 마주해야 하는데, 그럴 때마다 '적'의 대응 수위도 같이 올라가지. 그러니 우리는 일터에서 '좋은 사람'으로 보이기 위해 노력하는 함정에서 빠져나와야 해.

내가 다녔던 이전 회사의 한 글로벌 CEO는 이렇게 말했어. "회사는 연예인 콘테스트 장이 아닙니다. 인기 많은 사람이 일을 잘하는 것이 아니라, 어려운 상황에서도 중요한 결정을 단호하게 내릴 줄 아는 사람이 리더입니다."

게리 켈러는 《원씽》에서 성공에 관련된 잘못된 6가지 믿음을 이렇게 정의해.

1. 모든 일이 다 중요하다.
2. 멀티태스킹은 곧 능력이다.
3. 성공은 철저한 자기관리에서 온다.
4. 의지만 있다면 못할 일은 없다.
5. 일과 삶에 균형이 필요하다.
6. 크게 벌이는 일은 위험하다.

그렇지만 정말 일을 잘하는 사람은 다음의 세 가지를 기억하지.

1. 단 하나만 있을 뿐이다

   오늘 가장 중요한 우선 순위 하나에 집중하여 그 일을 정확하고 세심하게 마쳐라.
2. '지금'에 맞춰 목표를 설정하라

   미래의 목표를 아는 것이 첫걸음이다.

3. 펜을 들어 적어라

목표를 종이에 써서 늘 가까이에 두어라.

뒤집어서 말하면 게리 켈러의 말처럼 '단 하나의 일을 할 시간을 확보'하는 것이 하루 일과 중 가장 중요해. 그리고 그 시간을 반드시 '보호'해야 해. 나는 아무리 바쁘더라도 하루 중 15~30분 정도는 반드시 '생각하는 시간Focus Time'을 가져. 이 습관은 내가 누님처럼 생각하는 고위급 의학부서 총괄자가 가르쳐준 거야.

어느 날 우연히 보게 된 그분의 캘린더에 군데군데 '포커스 타임'이라는 이해가 안 되는 스케줄이 적혀 있었지. 분위기가 좋을 때 슬쩍 물어봤어. 그랬더니 내 업무 방식을 바꿔버릴 만큼 놀라운 이야기를 들었지.

"대욱, 네가 스스로 하루의 주도권을 잡을 수 있는 시간이 없으면 시간에 끌려다니게 돼. 일에 있어서 너와 네 조직을 보호할 수 있는 것은 리더가 명철한 마인드셋을 가지고 명확한 기준을 제시하는 거야. 그러기 위해서는 네 자신에게 집중할 수 있는 시간을 반드시 확보해야 해."

그리고 그때부터 나는 내 모든 일정에 '포커스 타임'을 추가했어. 어떻게 됐느냐고? 내 업무 효율성이 '150% 이상' 올랐어. 그리고 그

만큼의 자유도 추가로 확보할 수 있었지.

그 시간에 바빠서 놓친 개인적인 이메일도 보고, 중요한 사안은 직접 처리하는 것이 나을지 도움을 구할 사람은 누가 있는지도 생각해보고, 매니저의 자리라면 내 업무 중 '권한 위임'이 필요한 부분은 어떤 것들이 있는지도 보고, 그것도 아니면 내 일의 가장 시급한 우선순위도 지정해.

그러면서 내 일의 상당 부분이 '중요하지 않지만 급한 일'에 치우치고 있다는 것을 알았지.

성공 전문가인 나폴레온 힐은 《당신은 반드시 성공할 것이다》에서 '근무 중 시간 관리'에 대해 유용한 팁을 말해주었어. 그리고 나도 강의에서 그 얘기를 자주 들려주는 편이야.

"먼저 오늘, 이번 주, 이번 달에 해야 할 모든 일을 목록으로 만들어라. 그 다음 종이를 한 장 꺼내 4등분하라. 왼쪽 위칸은 '중요하면서도 긴급한 일'이 들어가야 하는 자리다.

성공하기 위해 지금 당장 해야 한다고 생각하는 일들을 여기에 적어라. 각각의 과제 옆에는 그것을 끝내야 하는 날짜와 시간을 적는다. 오른쪽 위칸은 '중요하지만 긴급하지는 않은 일'이 들어갈 자리다.

여기에는 일하는 데 꼭 필요하긴 하지만, 중대 사안까지는 아닌 것들을 적어라. 매일 이 칸을 확인하도록 노력하라. 그래야 중요하고 긴급한 칸으로 과제가 밀려나는 일이 없다.

왼쪽 아래 칸에는 '중요하지는 않지만 긴급한 일'들을 쓴다. 이 칸의 주목적은 긴급한 일이 꼭 중요한 일은 아니라는 사실을 상기시키는 것이다.

마지막으로 '중요하지도 긴급하지도 않은 일'을 오른쪽 아래칸에 써라. 굳이 이 칸을 쓰는 이유는 이 칸에 해당되는 일들이 많다는 것을 상기시키는 것이 자기 자신에게 도움이 되기 때문이다."

큰 설명이 필요 없는 부분이지?

나는 이 목록을 쓰면서 생각보다 아래칸에 있는 일들이 많다는 것에 놀랐어. 스스로는 중요하다고 생각했지만, 현실에서는 전혀 중요하지 않은 일들이 명확하게 정리가 되는 거야.

나는 직장 생활의 가장 큰 독은 '완벽주의'라고 생각해. 화가 살바도르 달리는 "완벽하지 못할 것이라는 공포를 가질 필요 없다. 어차피 당신은 절대 거기에 도달하지 못할 것이기 때문이다Have no fear of perfection. You'll never reach it"라고 했어.

우리는 생각보다 흑백의 논리 속에 상당 부분 갇혀 있어. 0 아니면 1이어야 한다는, 완벽하게 일을 잘 해내야 한다는 강박 관념에 사로잡혀 있지. 그런데 그 '완벽의 기준'을 정하는 것도 우리 자신이라는 거 알아?

혼자 한계를 정해놓고 그 안에서 완벽해지려고 하지 마.

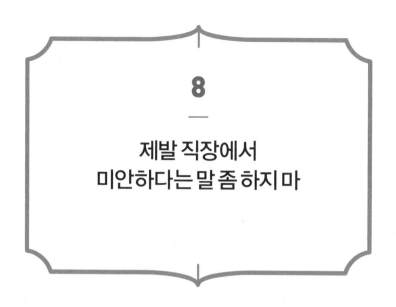

8

제발 직장에서
미안하다는 말 좀 하지 마

위의 제목은 부장 멘토링 때 실제로 내가 내 팀의 부장에게 했던 말이야. 물론 단어는 조금 더 순화해서 말했지만 핵심은 같아.

우리 마음속에는 늘 존중받고 싶어하는 어린아이가 있어. 이 어린 아이는 평소에는 공손해 보이지만 자신의 상처를 건드리면 자존감에 상처를 입을까 봐 자신을 방어하지.

제일 대표적인 예가 서비스업에서 "~해드릴게요"라는 말이야. 나는 그 말이 가장 싫어. 일반적으로 모든 상황에 안 어울린다고 생각해. "해드릴게요"는 내가 안 해도 되는데 상대를 위해 봉사하거나 선의를 베풀 때 쓰는 말이야. 그렇기 때문에 식당에서 주문을 꼭 받아야 하는 아르바이트생이나 서류 업무를 처리해야 하는 인턴의 입장에서 "해드릴게요"는 자칫하면 오해를 불러일으킬 수 있어.

왜냐고? 꼭 해야 하는 일, 직업이잖아. 그 대가로 월급을 받잖아. 이 말투는 잘못된 방어기제의 전형적인 한 예지.

이와 비슷하게 직장 생활에서 정말 잘 쓰는 말이 있어. "아, 죄송합니다"라는 말이야. 물론 남들이 객관적으로 평가해도 잘못한 일에 대해서는 당연히 진심을 다해 사과해야 해.

하지만 습관적으로 미안하다는 말을 입에 달고 사는 사람들이 있어. 내가 자주 인용하는 격언 중 잭 캔필드의 말이 있어. 내 팀은 귀에 못이 박히도록 들은 말이야.

"사람들은 내가 가르쳐준 대로 나를 대한다."

발표 슬라이드를 넘기면서 포인터 신호가 안 맞아서 슬라이드가 넘어가지 않을 때가 있어. 그럴 때 아무도 신경 쓰지 않는데 연신 "죄송합니다"라고 얘기하는 건 조금 과장이라고 생각해.

사실 그렇게 죄송하지는 않잖아. 말하다가 기침이 나올 수도 있어. 그때마다 기침하는 것도 고통스러운데 억지로 "죄송합니다"라고 사과하는 건 조금 이상하게 느껴지지 않아?

우리가 해야 하는 건 "미안합니다"의 자리에 "감사합니다"를 채워 넣는 거야. 주로 이사급 이상에게 제공하는 리더십 코칭을 받다 보면 '리더의 언어'에 대해서도 깊게 배우게 돼.

예를 들면 "늦어서 죄송합니다"가 아니야. "기다려주셔서 감사합니다"로 말하는 거지. 늦어서 죄송한 건 모두가 다 알아. 굳이 그걸 또 꺼내서 이슈화시킬 건 없어.

그보다는 나를 위해서 '이렇게까지' 기다려주셔서 감사하다는 것을 표현하는 것이 듣는 사람의 입장에서는 훨씬 더 '미안함의 진정성'이 잘 전달돼.

사람은 누군가를 위해 '이타적'으로 대할 때 사는 보람을 느낀대.

의도하지 않았지만 본인들이 나를 기다려준 것으로 포지셔닝 되는 순간, 네가 늦은 건 별게 아니게 되는 거야. 오히려 그런 너를 배려해준 본인들에 대한 자긍심이 더 높아지겠지.

서로의 입장 차이를 넓게 이해할수록 '어른'이라고 해. 그리고 나이와 연차, 직급이 올라갈수록 항상 상대방의 입장에서 세상을 보는 연습을 해야 더 높은 자리에서도 성공할 수 있어.

리더의 언어는 '배려의 언어'야.

추가로 나를 품격이 없어 보이게 만드는 4가지 행동도 있어.

1. 눈앞의 작은 것에 아등바등하는 모습(차선 고집, 엘리베이터 먼저 내리기 등 작은 것을 양보하지 못하고 집착하는 모습이야).

2. 말을 일부러 강하게 하기(미안하지만, 아는 사람 입장에서는 더 약하게
   보이는 효과가 있어).
3. 말할 때 상대의 감정에 대한 배려에 인색한 것.
4. 공감 능력이 없는 것(생활의 여유가 없어 보여).

앞서 말한 ESQ가 높은 사람은 여유롭기도 하지만 뭐가 중요한 일
인지 알아. 그런 사람은 도움이 필요한 사람이나 일이 생기면 '시간
을 만들어서' 도와줘.

그렇다면 이제부터는 미안하지도 않은 "미안합니다"를 줄이고, 조
금 더 자신을 솔직하고 당당하게 표현하는 게 좋지 않을까.

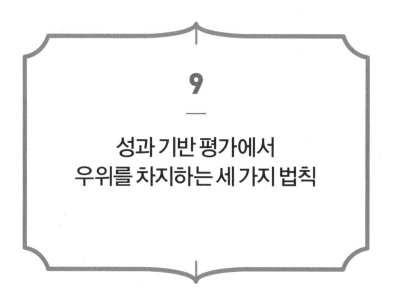

9

성과 기반 평가에서
우위를 차지하는 세 가지 법칙

남들보다 평가를 더 잘 받기 위해서는 먼저 평가의 '기준'에 대해 이해할 필요가 있어. 일반적으로 직장인은 본인의 성과를 객관적으로 평가하기 위해 KPI-Key Performance Indicator를 설정해.

이 KPI는 풀어 쓰면 '핵심성과지표'라고 불리지. 문자 그대로 해석한다면 조직 내 전략적인 목표를 달성하기 위해 개인이 계획한 목표들을 모두 완수하였는지를 측정하는 지표야.

일단 남들보다 평가를 잘 받기 위해서는 이 KPI에 두 가지가 반드시 들어가야 해.

◆ **정량화**Quantification

◆ **구체화**Specification

정량화는 말 그대로 설명 없이도 보여줄 수 있는 성과 지표야. 예를 들어 마케팅 쪽이라면 고객들에게 보낸 콜드 아웃바운드Cold Outbound 메일에서 이메일 클릭률CTR_Click Through Rate이나 매체 점유율 Share of Voice 등을 볼 수 있을 거야.

HR이라면 인적자원 지표에서 직원 유지율, 직원 만족도, 급여 경쟁력SCR_Salary Competitiveness Ratio 등이 있겠지. 조직 전체로 보자면 가장 중요한 연간 경상수익ARR_Annual Recurring Revenue, 매출 지속률NRR_Net Revenue Retention, 순이익률NPM_Net Profit Margin 등이 정량화될 수 있어.

'구체화'는 말 그대로 내가 해야 할 일을 내가 정확히 알고 있는 거야. 세일즈를 예로 들어보면 단순히 하루에 고객을 몇 명 만났다는 지표뿐 아니라 신규 고객수, 총 유료 고객수, 고객 이탈율, 리텐션, 고객 만족도CSAT_Customer Satisfaction Score 등이 중요한데, 이러한 부분이 모두 종합되어 특정 기간 동안의 나의 '성과'가 되는 거야.

현업에서 일하는 많은 동료들이 이러한 KPI를 최대한 모호하게 작성해서 책임에 대한 리스크를 줄이려고 하는 경우가 생각보다 많아. 그렇지만 평가하는 입장에서 반대로 생각하면, **정형화되지 않고**

구체화되지 않은 지표를 가지고 자신 있게 그 직원을 상위 관리자급으로 승진시키는 상사는 거의 없어. 상사도 그 직원을 추천할 '무기'가 필요하거든. 그게 바로 그 직원의 '잘 짜여진' 일관성 있는 KPI인 거야.

그렇다면 여기서 중요한 것은 아주 기초 중의 기초이지만 KPI를 작성할 때 최대한의 정보를 반영할 수 있도록 짜는 것이 중요해. 바로 '스마트 어프로치SMART approach'라고 해.

SMART는 다음의 5가지를 포함하고 있어.
- **구체적인**Specific
- **측정 가능한**Measurable
- **달성 가능한**Achievable
- **현실적인**Realistic
- **기한이 정해진**Time-bound

즉 내가 설정하는 목표가 어떤 것이든 구체적이고 측정 가능하며, 달성 가능하고, 현실적이고, 기한이 정해져 있는 목표여야 한다는 말이야. 한 예로 예전 회사에서 나는 성과지표를 이런 식으로 작성했었지.

"회사의 신제품에 대한 학술 임상 데이터를 가장 잠재력 있는 서울의 10개 기관 연구자들과 상반기 2회 미팅을 통해 과학적이며 의학적인 논의를 진행한다. 이에 대한 주요한 5개의 인사이트를 수집하여 제품의 내년도 전략적 계획을 3분기까지 제출한다."

그럼 이제 연말이 되어 내 상사와 앉아 위의 성과지표를 평가한다고 해보자.

상사는 먼저 내가 '상반기 2번의 미팅을 성공적으로 진행'했는지 평가하고, 이에 대한 '다섯 가지의 인사이트가 정확하게 수집'되었는지 확인할 거야. 이후 '3분기까지 내년도 전략적 계획이 제출'되었는지 확인하게 되겠지.

이것만으로도 이미 정량적인 KPI는 달성한 것이 돼. 최소 남들과 비슷하게 평가 받을 수 있는 가능성이 높다는 것을 의미하지.

그중 내가 어떤 기관 연구자들과 어떤 생산적인 논의를 나누었고, 어떤 전략적 계획을 도출했는지가 '구체적' 관점에서의 KPI가 되는 거야. 앞서 남들과 비슷한 성과 평균을 더 높게 올릴 수 있는 '보너스' 지표들이 될 수 있어. 여기서 중요한 것은 상식선에서 받아들여져야 하는 '로직Logic'이야.

만약 상반기에 여러 이유로 2번의 미팅을 진행하지 못하고 대체 방법으로 짧은 통화를 통한 논의를 진행했다면, 중요한 5가지의 인사이트를 수집하지 못했거나 그 수집된 인사이트가 질적으로 중요하지 않을 수 있을 거야.

그렇다면 당연히 하반기 전략적 계획은 완성도가 떨어지게 되겠지.

정형화된 지표들이 달성되지 못했는데 구체화 지표들이 잘 달성된 예는 생각보다 많지 않아.

정형화라는 숫자를 통한 탄탄한 내 '업무의 증명'이 먼저 선행되고, 이후 그를 통한 '조직 내 기여'가 설명될 수 있다면 가장 완벽한 형태의 KPI 평가라고 생각해.

실제 대부분의 글로벌 기업에서는 이러한 형태의 KPI 평가를 일반적으로 많이 장려하고 진행하고 있어.

여기서 정말 중요한 팁 한 가지를 알려줄게.

매니지먼트라 불리는 고위 리더들 사이에서도 최고 고위직 중 하나였던 내 예전 상사가 어느 날 내게 질문을 했어.

"대욱, 모든 성과지표를 성공적으로 잘 달성하면 어떤 평가를 받는지 아나?"

"예상치와 같음, 즉 평균입니다Meet the Expectation."

"맞아. 개인에 대해 1년 간 예상했던 목표 수치가 '모두' 달성되면, 그 직원은 목표를 성공적으로 달성했다는 의미에서 성과급을 받게되지. 위로 올라갈수록 평균치를 달성하는 것조차 쉽지 않아. 예외적으로 우수한 평가를 받는다는 것은 그만큼 그보다 훨씬 더 높은 능력이 필요하다는 거지."

나는 그 말이 너무나 정확하다고 생각해.

KPI에 적은 모든 목표는 기본적으로 내가 그 회사에서 일하며 '당연히' 달성해야 하는 내 역할에 따른 할당된 목표치야. 그런데 지금 우리는 남들보다 평가에서 더 우위를 점하는 방법을 이야기하고 있어.

여기서 사무실이나 재택시에 반드시 붙여놓고 늘 확인하면 좋을 말을 해줄게.

"소위 말하는 나에게 예상된 평가의 '판'을 바꾸려면 KPI 이상의 '놀랄 만한 무언가'를 평가자에게 선사해야 한다."

따라서 KPI에 명시된 구체적인 지표는 기본적으로 달성해야 하는 전제이고, 그 외 '남들이 하지 않는' 어렵게 보이거나 복잡한 프로젝트를 자원해서 업무를 맡아야 해.

재미있게도 그 '남들이 하지 않는' 프로젝트들에는 대부분 그 깊숙한 곳에 금광 같은 노다지가 숨어 있을 가능성이 높아. 단지 그 금광을 덮고 있는 표면적 문제들이 복잡해 보일 뿐이야.

나의 예를 들자면 나는 기업 문화를 바꾸는 '프로젝트 스커드 Project Squad' 팀에 자원했어. 알다시피 조직이 클수록 서로 다른 부서에서 무슨 업무를 하고 있는지 잘 몰라. 그때 필요한 것이 서로 가볍게 커피챗을 통해 타부서의 업무를 이해하고, 따뜻한 점심을 같이 먹으면서 서로의 수고를 나누는 자리를 만들어주는 거야.

결과적으로 프로젝트 후기를 통해, 큰 기업이지만 각 부서의 업무에 대해 서로 이해도가 더 높아졌고, 이를 통해 더 많은 애사심과 업무에 대한 만족도가 높아졌다는 말을 인사부에 전달하게 되었어.

이러한 일들은 모두 '효과 창출Impact Creation'의 일환이야.
더 명확하게 말하자면 내가 남들보다 우위의 평가를 받기 위해서는 남들이 기존에 '풀지 않았던' 문제를 먼저 발견하고 자원해서, 그 문제를 해결하기 위해 최선을 다하는 모습을 보이는 거야. 그리고 그 문제가 해결되고 나서 조직에 미치는 긍정적인 효과가 클수록 KPI 평가에서도 좋은 성과를 달성할 가능성이 높아지게 되는 거야.

나는 그러한 팀의 일환으로 함께 좋은 프로그램을 만들었고, 조직 내 전체 메일을 통해 내 존재감을 더 낼 수 있었지.

'판'을 바꾸려면 반드시 '놀랄 만한 무언가'를 선사해야 해.

10

상대가 자고 있을 때
네가 해야 할 일

지금부터는 조금 미안한 말을 해야 할 것 같아.

나는 네가 경쟁에서 상대보다 더 우위를 가졌으면 좋겠어. 짬이 잘 안 나는 직장인들에게 그래도 가장 큰 무기는 '반복 학습'이야.

회사에 있는 동안에 직무의 전문성을 배운다면, 저녁 시간에는 쉬면서 상대를 저 멀리 밀어낼 나만의 독창성을 쌓아갈 것을 추천해. 물론 매일 저녁마다 하는 것이 아니라 일주일에 3번, 적게는 2번이라도 괜찮아.

1. 즐겁고 재미있는 일을 해(음식, 게임, 책, 영화, 대화 등 모두 좋아).
2. 나를 돋보이게 할 수 있는 한 가지를 시작해(보통은 언어 또는 전문 기술이야).

나는 지금도 매일 저녁 아이들을 재우고 나면 새로운 학습 코스를 신청하거나 글을 쓰는 편이야. 얼마 전에는 덴마크 코펜하겐 대학의 '전략적 경영'이라는 무료 코스를 듣고, 시험을 통과하고 수료증도 받았지.

지금은 미국 예일 대학의 '시장에 대한 인사이트' 수업을 무료로 듣고 있어. 이 코스 역시 시험을 잘 치르고 나면 나를 증명해주는 또 다른 문서가 생기겠지.

무슨 말을 하고 싶은지 알겠지? 앞에서 말했지만 인터넷과 디지털이 있는 지금 세상은 무료 '자원'들로 넘쳐나. 그 자원을 어떻게 내 것으로 만들지는 자신이 결정하는 거야.

《아주 작은 습관의 힘》의 제임스 클리어는 "작은 노력이라도 매일 꾸준히 하게 되면, 1년이 지나면 노력하지 않은 것에 비해 약 37.7배 정도의 차이가 난다"고 말했어. 오늘 내가 시작한 꾸준한 작은 일이 이후 삶에 전환점을 가져올 수 있다는 얘기야.

나는 10대 시절에 록 밴드를 잠시 했었어. '하르시온Halcyon'이라는 그룹이었는데 나 외에 3명의 일본인 친구들로 이루어져 있었지. 국제 학교 프로그램 상 특별 활동을 반드시 해야 했는데 워낙 록 음악을 좋아해서 시작했던 일이야.

그때 아침마다 밴드 멤버들을 만나면 장난처럼 자신의 언어로 인

사했지. 비좁은 방에 앰프를 갖다 놓고 곡을 만든답시고 잡담을 하면서도 우연찮게 일본어를 조금씩 배울 수 있었어. 물론 나도 그 친구들에게 한국어를 가르쳐줬어.

그리고 이후 화살처럼 16년의 시간이 지나고, 나는 제약 기업에서 외국인 석학을 초빙해서 학술 심포지엄을 진행하는 일을 맡게 되었어. 그때 일본인 연사를 초대해서 강의를 진행했는데 누구도 예상하지 못했던 일이 일어났지.

일본의 경우 아직 수직적인 문화가 강해. 당시 대학 교수였던 그분이 강의하러 오는 길에는 스태프 및 일본 지부 직원들이 함께 동행했어. 또한 우리 회사의 리더들도 함께 모여 있었지.

그때 저 멀리서 걸어오는 일본인 교수님을 보고 있는데, 문득 아무 생각 없이 어릴 때 밴드에서 일본인 친구들이 가르쳐준 단순한 일본어가 떠올랐어.

밑져야 본전이잖아? 모두들 어색한 첫대면 자리에서 양사 관계자 및 교수님이 악수를 나누고 있는데 내 차례가 왔어.

"선생님, 한국에 오시느라 수고 많으셨습니다先生, 韓国に来るのに苦労しました."

물론 정확한 일본어도 아니라고 생각해. 그런데 나는 그때 나를 바라보던 일본인 교수님과 관계자들의 커진 눈을 잊지 못해.

왜 그런지 알아?

나는 영국에서 오래 살아서 영어를 이중 언어로 하는 사람으로 회사에서는 이미 알고 있었거든. 그런데 결코 일본에는 '안 가 봤을 것' 같은 청국장 잘 먹게 생긴(사실 좋아하고 잘 먹긴 해) 내가 일본어로 대화를 건네고 있으니, 그 임팩트가 강렬했을 거라 생각해.

그룹 '하르시온' 멤버로 활동 당시

나는 '보이게 일하는 것'도 일에 있어서 당연히 중요하다고 생각해. 내 모국어 외에 추가되는 언어가 하나씩만 늘어도 엄청난 경쟁력이야. 그리고 하루에 한 단어씩만 알아도 1년이면 365개의 단어를 구사할 수 있어.

일반적으로 그 나라의 언어로 일상적인 대화를 하기 위해서 필요한 단어는 1,500~2,000개 정도라고 해. 하루에 한 단어씩 외우는 것만으로도 5년 안에 언어를 하나 더 추가로 구사할 수 있는 거지.

나는 지금 중국어를 배우고 있어. 어떻게 될지는 나도 잘 몰라. 그저 상대방이 자는 동안에 나는 내 방식대로 움직일 뿐이야.

좋은 주식은 우리가 자고 있을 때도 돈을 벌어주듯이, 우리 자신도 조금씩 새로운 전문성을 배우고 키워나가야야 해.

PART 4 킹사이드 Kingside

관리자로서 성장한다면
리더도 될 수 있는 것 아닌가?

내가 있는 조직에서

나는 사자들을 이끄는 사람일까?
아니면 사자와 같은 구성원일까?

그 대답이 이후 너의 성공을 가르게 될 거야.

임원!

모든 직장인들의 상위 0.01%에게만 주어진다는 이 타이틀은 회사원이라면 누구나 품게 되는 궁극적인 목표야. 임원은 회사의 대표로부터 권한을 위임 받아 '기업의 대리자'로서 회사의 업무를 집행하지. 회사에 따라 리더라고 부르는 회사가 있고 임원으로 부르는 회사도 있어.

일반적으로 임원들은 다른 직원들보다 더 복잡하고 어려운 문제를 해결해야 하고, 권한을 바탕으로 그에 대한 무거운 결정을 함께 내려야 해. 대신에 책임도 막중하지만 그에 대한 보상도 막대해.

임원들에 대한 보상은 크게는 '금전적 보상'과 '비금전적 보상'으로 나뉘게 돼. 고정적 급여나 인센티브 보너스, 스톡옵션 같은 높은 연봉도 아주 매력적이지만, 오래도록 더 발전하고 싶은 사람들에게 '자아 실현'을 이룰 수 있는 승진, 발령, 확대된 업무 범위 등 다양한 혜택들이 존재하지.

또한 임원들의 큰 책임 중 하나는 일의 성과를 내는 것뿐만 아니라, 때에 맞춰 직원들의 사기도 높이며 이들의 능력을 개발하고 더 나아가 새로운 미래의 차세대 리더들도 준비시켜야 하지. 이러한 잠재적 리더를 '핵심 인재'라고 해. 달리 표현하면 '대체하기 어려운 전략적 인재'라고도 하지.

그렇다면 임원은 어떤 과정을 거쳐서 될까?

임원은 단순히 인사고과가 좋다는 이유로 되지는 않아. 거기에 더해서 기업에서 보여준 '전략, 의사결정, 태도, 인품, 관계, 성과 창출, 인재 육성' 등 종합적인 요소를 평가해서 소수의 인원만이 임원 승진을 하게 되지.

개인적으로 2018년부터 다국적 글로벌 제약기업의 상무 이사부터 현재 글로벌 헬스케어 대기업의 임원으로 근무하며, 함께 일하는 리더들의 가장 큰 특징들을 알게 되었어. 모든 기업에 일률적으로 적용될 수는 없겠지만 그들은 뛰어난 6가지 능력을 가지고 있었어.

1. 단점을 덮을 정도의 장점이 하나씩은 있다.
2. 메타인지가 높은 편이다(내가 무엇을 잘하고 무엇이 필요한지).
3. 끊임없이 학습한다.
4. 단편적인 정보를 통해 독자적인 전체 그림을 완성한다.
5. 문제 인지 및 해결 능력이 뛰어나다.
6. 목표가 분명하다.

지금까지 관리자로서의 역할을 성실하게 수행해왔다면, 이제 수많은 시행착오를 거쳐 성장해온 나의 능력들이 또 다른 형태로 발전해야 한다는 사실을 알게 될 거야. 새로운 정보를 받아들이는 것에 두려움이 없고, 나의 마인드셋을 다시 한번 더 높은 단계로 끌어올릴 수 있다면, 앞서 말한 6가지 리더의 특성은 우리가 궁극적인 '퀸'으로 나아가는 데 큰 도움이 될 거야.

그렇다고 반드시 리더가 되어야만 '퀸'이 된다는 말은 절대 아냐. 다만 직급이 올라갈수록 '핵심 인재'로서의 능력과 평가는 다른 기준으로 이루어진다는 것을 필수적으로 아는 것이 중요하고, '**대체 불가능한 전략적 인재**'로 나의 커리어를 만들어가는 것이 '**퀴닝**'의 모습에 가장 가까운, 궁극적 성장이라는 사실을 말하고 있는 거야.

관리자로서 성장한다면, 리더도 충분히 될 수 있는 것 아닌가?
"당연하지."

1

내향적인 사람은 팀을
이렇게 관리한다

2006년 미국의 어느 일간지에서 성공한 미국의 주요 기업 최고경영자(CEO)들을 대상으로 설문조사를 진행했어.

"당신은 외향적입니까, 내향적입니까?"라는 질문에 놀랍게도 60%만이 본인을 외향적이라고 답했고, 나머지 40%는 '내향적'이라고 말했지.

또한 더욱 놀라운 것은 우리에게 잘 알려진 에이브러햄 링컨, 빌게이츠, 워렌 버핏, 미국 중앙은행 전 의장이었던 벤 버냉키 등 수많은 역사의 리더들, 최고 경영자들 중 상당수가 '내향적'인 사람들이었어.

일반적으로 '외향적'과 '내향적'을 구분짓는 특징 중 하나는 '다른 사람들을 통해 에너지를 얻는가' 아니면 '혼자 있을 때 에너지를 얻는가'로 분류될 수 있어.

나는 개인적으로 '내향적'인 사람들이 팀을 관리하는 데 더 유리하다고 생각해. 사려 깊음과 경청하는 태도의 기술은 '내향적'인 리더가 가진 가장 멋진 무기야. CNN의 전설적인 진행자 래리 킹은 "말을 제일 잘하는 사람은 논리적으로 말하는 사람이 아니라, 남의 말을 잘 들어주는 사람"이라고 말했어.

내향적 특징인 '적은 말수'와 '신중함'은 상대의 말을 깊게 **경청하**게 되고, 이를 통해 가장 중요한 핵심적인 질문을 던질 수 있어. 또한 상대의 '비언어적'인 제스처를 적절히 살피며 누군가가 독점하는 환경을 균형 있게 조율할 수 있지.

또한 '혼자서 에너지를 충전하는 것'은 내향적인 사람의 또 다른 큰 장점이야. 그렇기에 복잡한 문제에 대한 다양한 이해 관계자들의 의견을 조율할 수 있는 시간을 갖게 되기도 하고, 어떠한 문제에 대해 끈기 있게 물고 늘어질 수도 있어.

아인슈타인도 "중요한 것은 얼마나 똑똑한가가 아니라 얼마나 끈기 있게 대처했는가"라고 말했어. 자신도 내향적이었기에 그렇게 말했을 거야.

나아가서 '내향적'인 리더는 자신의 약점과 강점을 조금 더 객관적으로 보기에 용이해. 자신이 가진 특성을 잘 알고 있기 때문에 변화하는 비즈니스 환경에서 적응하기가 조금 더 쉽기도 하고, 본인들의 행동을 빠르게 수정하여 조직의 목표를 전략적으로 기민하게 달성하지.

나는 리더의 자리에 있지만 점심 약속을 일부러 잡지 않는 날도 더러 있어. 일주일에 최소 한 번 정도는 혼자 식사를 하면서 당면해 있는 여러 문제들을 자세히 생각해보는 시간을 가져. 그러면 신기하게도 절대 풀리지 않을 것 같은 문제들이 문득 해결책이 떠오를 때도 많았어.

어릴 때는 너무나 내향적이라 길에 지나다니는 사람들을 쳐다보는 것도 부끄러웠어. 그랬던 내가 여러 나라에서 대부분 혼자 생활하면서 인위적으로 외향적인 성격이 되었지만, 아직도 내면에는 '홀로' 있는 힘을 알고 있어서 혼자만의 시간을 가지려고 하는지도 몰라.

나는 이런 면에서 더 많은 내향적인 사람들이 리더가 되어야 한다고 생각해. 만약 네가 남들 앞에 서는 것이 무척이나 두렵고 혼자 있는 것이 좋다면, 너는 어쩌면 앞으로 가장 멋진 리더가 될 존재일지도 몰라.

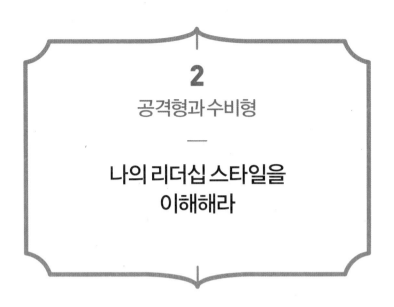

2
공격형과 수비형
—
나의 리더십 스타일을
이해해라

조선 후기에 편찬한 《무예도보통지武藝圖譜通志》라는 병서가 있어. 거기에는 지상무예 18가지와 마상무예 6가지를 합한 24가지의 무예가 실려 있지.

갑자기 웬 병법서 얘기를 꺼내나 싶지? 나는 영국에 있을 때 해동검도를 배울 일이 있었어. 이후 회사에서 직급이 올라갈수록 그때 수련에서 배웠던 가르침이 내 리더십에 깊이 적용되었어. 특히 초보 매니저 시절에 더 유용했지.

이 24가지의 기예에는 우리가 무술 영화나 액션 영화에서 볼 수 있는 장창, 기창(짧은 창), 쌍수도, 예검, 본국검, 쌍검, 등패(방패술), 곤봉, 권법 등 대부분의 무기술과 병기법이 거의 기록되어 있어. 지금까지

톤파 Tonfa

도 일부를 제외한 병법은 그 맥을 지속적으로 이어오고 있지.

이십사반의 병기술을 포함한 모든 병법을 통틀어 가장 '파괴력'이 강한 무기술이 무엇이냐고 물으면, 주저없이 '쌍절곤'이라고 답하는 무술 전문가들이 많아. 나도 그 부분에 매우 동의해.

그렇지만 만약 가장 '위험한' 병기술이 무엇이냐고 묻는다면 나는 단연 '톤파'라고 말할 거야. 톤파는 긴 막대에 수직으로 손잡이를 단 무기야. 사진 모양의 형태가 가장 흔하고, 미국 경찰에서도 많이 사용하고 있어.

톤파가 가장 위험한 병기술인 이유는 '공격'과 '수비'가 합쳐져 있기 때문이야. 예컨대 쌍절곤이 가진 '회전력'과 치명타인 '찌르기'를 '방어 자세'에서 구사할 수 있기 때문이야. 감사하게도 나도 기초를 조금 배울 수가 있었지.

톤파는 분명히 방어를 목적으로 한 무기술이지만, 극강의 '수비'는 가장 완벽한 '공격'이 되었던 것이지.

우리의 삶에 있어서도 가끔은 공격보다 수비가 더 완벽한 플랜이 될 때가 있어. 나도 개인적으로는 맹렬한 공격보다 튼튼하게 수비를 잘하는 것을 더 좋아하는 편이야. 본질적으로 '수비의 리더'에 더 가까운 편이지.

조趙나라의 명장 이목李牧이 군사를 훈련하고 수비를 잘하여 명성을 떨친 것처럼, 완벽한 수비는 거대한 벽을 쌓아서 공격의 의지를 꺾어버리기 때문이야. 재미있게도 〈어벤져스〉 영화에서도 리더는 '방패'를 들고 있지 않아?

경험으로 보면 늘 성공만 하는 사람도 늘 실패만 하는 사람도 없었어. 중요한 것은 실패해서 바닥을 칠 때에도 어떻게든 계속 막아내며 언젠가 올 공격의 기회를 노리는 것이 중요하다고 생각해.

너는 어떤 리더가 될 거야?

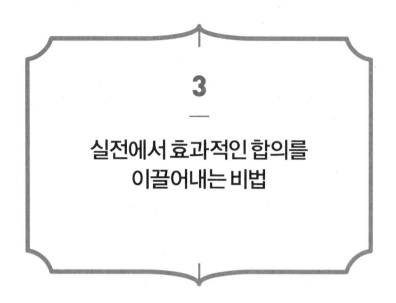

3

실전에서 효과적인 합의를 이끌어내는 비법

비즈니스 또는 현업에서 오래 활동하신 분들이 자주 쓰는 단어 중 하나는 바로 '얼라인먼트Alignment'야. 즉 '조정하다' '합의를 이루다'라는 뜻이지. 글로벌 비즈니스에서 얼라인먼트는 단순히 하나의 안건에 대한 합의를 이루는 것이 아닌, 복잡한 배경 지식을 바탕으로 일치된 하나의 '방향성을 도출'해내는 '문제 해결능력Problem-Solving'이야.

특히 다양한 국가의 문화적 배경을 가진 핵심 관계자Stakeholder들이 짧은 미팅 시간 내에 참석자들이 납득할 수 있는 결론을 이끌어 다음 액션으로 연결하는 것은 굉장히 어려운 일이라고 생각해. 그럴 때 도움이 되는 경험 몇 가지를 소개할게.

첫 번째, 미팅 참석자들의 '협업' 방식을 이해해야 해.

먼저 각 문화와 배경에 따라 미팅 참석자들이 합의를 이루는 방식이 '다르다'는 것을 이해하는 것이 중요해. 각 문화마다 회의 내에서 합의가 이루어지는 경우도 있고, 사전에 논의한 것을 확인하는 경우도 있어.

어떤 문화권에서는 미팅 자료를 미리 보내서 그 자체로 합의점이 어느 정도 만들어진 다음, 미팅을 통해 이를 단순히 '확정'하는 문화가 있지. 반대로 일부 문화권은 '활발한 토론Discussion'과 '의견 개진 Comments'을 통해 중요한 포인트들을 함께 짚은 다음, 이를 바탕으로 합의된 결론에 이르는 국가들도 존재해.

따라서 글로벌 미팅 일정이 잡혔을 때 실제 미팅에 들어오는 핵심 관계자들의 합의를 이루는 문화가 어떻게 되는지 미리 찾아보고 충분한 배경 지식을 통해 명확하게 이해한다면, 제한된 시간 내에 의견의 일치를 이루는 데 큰 도움이 될 거야.

두 번째, 그 나라의 문화를 아이스브레이킹으로 활용하면 언제나 도움이 돼. 글로벌 미팅 참석자들은 대부분 우리와 마찬가지로 서로의 문화에 대해 깊이 알지는 못해.

만나면 대체적으로는 어색하게 인사를 잠시 나누고 누군가 본론을 시작하기를 기다리지. 화상 회의Virtual Meeting에서는 이 부분이 특히 더 '어색한 침묵'으로 나타나.

나는 영국과 싱가포르 등 4~5개 국가에서 살아온 경험을 바탕으로 처음 미팅이 시작될 때 가능하면 '그 나라 언어'를 한두 마디 정도 하는 편이야. 만약 그 나라의 언어를 전혀 모를 경우에는 구글 번역기에 나온 말을 그대로 읽기도 해. 그럴 때 초면임에도 마음이 많이 열리는 것을 경험했거든.

또한 그 나라의 상징적이거나 독창적인 문화를 미리 알아놓는 것도 좋은 방법이야. 반대로 잘 알려지지 않은 우리나라의 문화를 소개하는 것도 좋은 방법이야. 대신 이미 잘 알려져 있는 평범한 주제보다는 미팅의 본 안건과 연결할 수 있는 문화를 전략적으로 소개하는 것이 좋아.

예컨대 "먼저 빠르게 회신 주셔서 감사합니다. 한국은 '빨리빨리 Fast-Fast' 문화가 있는데, 마치 한국에서 미팅을 진행하는 느낌이었습니다. 오늘 정말 좋은 미팅이 될 것 같습니다"라는 식으로 말야.

세 번째, '사전 합의'를 와일드 카드로 사용하면 때로 판세를 뒤집을 수 있어. 우리가 가장 많이 놓치는 부분이 바로 '사전 합의Pre-Alignment'라는 부분이야. 이 말은 말 그대로 의견 일치를 위해 핵심 관계자들과 '사전에' 미리 합을 맞추는 일이야.

미팅을 하나의 '생물'처럼 보면 상당히 유기적인 움직임을 갖는 회의가 있는 반면, 어떤 회의는 딱딱하게 경직된 특성을 보이는 경우가 있어. 이러한 양극단의 차이를 해소할 수 있는 가장 좋은 방법은 바로 미팅에서 '결정권'을 가진 관계자와 사전에 간단하게라도 사전 합의 미팅Pre-alignment Meeting을 진행해보는 거야.

이 작은 차이는 결과에서 엄청난 임팩트를 가져올 수 있어. 기존의 결정을 가끔 '뒤집을 수' 있을 정도로 효과적이야.

특히 이러한 사전 합의는 조직행동론에서 말하는, 조직에서 빈번하게 발생할 수 있는 제한된 정보로 결정을 내려야 하는 '확증 오류 Confirmation Bias'를 크게 줄일 수 있어. 조율 곧 합의는 모든 미팅에서 필수적으로 필요한 핵심 기술Core Skill이야. 그리고 그 나라의 문화를 더 깊이 이해할수록 글로벌 미팅에서의 리더십은 더 빛나지.

결국 모든 비즈니스의 성공은 얼마나 '핵심 관계자들의 마음'을 잘 얻는가에 달려 있기 때문이야.

미팅 잘하는 방법

기본적으로 미팅은 여러 명이 진행하는 미팅도 있지만 한 사람과 진행하는 미팅들이 더 많아. 그때 매니저로서 도움되는 얘기들을 해줄게.

1. 초반에는 반드시 분위기를 부드럽게 풀어줘야 돼. 미팅에 들어오는 사람이 너의 팀원이라면, 그 사람은 너의 존재가 두려워서 긴장하고 있을수도 있지만 수직적인 조직 문화 자체에 항상 긴장되어 있을 수도 있어. 그러니 편안한 주제로 대화를 여는 것이 좋아.

2. 전략적으로 개인적인 이야기를 섞어. 계속 일 얘기만 하면서 몇 시간 회의를 하면 어떤 기분이 들지? 내 얘기를 듣는 사람도 같은 마음이야. 어느 정도 신뢰가 있는 사이라면, 업무 얘기 중간에 개인적인 대화를 의도적으로 섞는 것도 관계 성장에 중요한 부분이야. 팀원의 건강은 어떤지, 요즘 걱정은 없는지 물어보는 것도 좋은 방법이지.

3. 대화 중간에 말을 끊는 건 관계를 끊는 거야. 아무리 말하고 싶은 욕구가 치밀어도 절대 대화를 끊어서는 안 돼. 끝까지 들어. 대신 속으로 내가 해야 할 말을 논리적으로 준비해봐. 다만 내가 그 사람을 '존중하지 않는 것'을 의도적으로 보여주고 싶다면, 가차없이 중간에 말을 끊어버리면 돼.

4. 가르치려 하면 미팅을 망쳐. 상대가 묻지 않는 이상 조언하지 마. 아무런 도움이 안 돼. 대신 무조건 공감과 인정, 칭찬을 적재적소에서 말해줘. 중요한 것은 정확한 질문을 던지고 듣고 공감한 후, 그 상황에 맞는 피드백을 하는 거야.

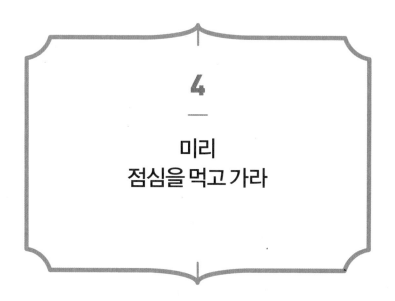

4

미리
점심을 먹고 가라

예전에 마트에서 겪은 일이야.

그때 나는 한 손은 5살 아이의 손을 잡고 나머지 한 손으로는 무거운 식료품들을 최대한 가득 들고 겨우 계산대 줄에 서 있었지. 내 앞에는 백발의 정정한 할머니 두 분이 서 있었어. 그런데 그중 할머니 한 분이 무거운 물건을 들고 있는 나를 힐끗 쳐다보더니, 칸막이 바를 최대한 본인 바로 앞에 놓았지. 내가 물건을 놓을 자리가 전혀 없었어.

그때 내 눈에 새삼 그분의 백발이 들어왔어. 그분의 백발은 세월의 아름다움이 전혀 느껴지지 않았어. 오히려 초라해 보였어. 존중받아야 마땅할 세월의 흔적이 자신의 영역을 기필코 주장하는 인색한 마음에 존중이 사라지게 된 거지.

이런 모습은 직장에서 일을 할 때도 정말 자주 보이는 부분이야. 갑자기 왜 이런 얘기를 할까? 간단해.

비즈니스에서 조급하게 보이는 사람들은 늘 기회를 잃어. 모든 성공한 사람들은 기본적으로 여유가 있고 무게감이 있어. 여유 있는 사람들은 가진 것이 적더라도 베푸는 데 인색하지 않아. 오히려 자신의 것을 나누어서 더 크게 만드는 마법을 가지고 있지.

그렇다면 조급하고 야박하게 구는 사람들을 만나면 속으로 어떤 생각을 할까? 굳이 그 사람이 뭔가를 보여주지 않더라도 순식간에 그 사람에 대한 파악이 끝나지.

억울하지 않아? 나는 잠재력을 많이 갖고 있는데 순간의 조급함으로 많은 기회를 줄 수 있는 사람들의 눈에 이미 내가 부족한 사람처럼 보인다는 게?

그래서 나는 모든 관계에 있어 일부러라도 '느리게', '천천히', '여유 있는' 모습을 보이라고 말해. 성공한 연예인들이나 영화 배우들을 보면 의식적으로 말을 더 천천히 해. 그런 작은 것들이 사람들이 나를 판단하는 데 확실한 실마리가 되거든.

몇 억짜리 계약이 달려 있는 중요한 비즈니스 점심 회의에서 내가 심하게 배가 고픈 상태라면 어떨까? 당연히 본능에 따라 먹는 것에 집중하면서 회의에 집중하기가 어렵겠지.

그러니 그럴 때에는 미리 점심을 먹고 가야 해.

높은 위치로 갈수록 사실은 시간과 여유가 더 빠듯해져. 그럼에도 그 사람이 항상 여유롭게 행동한다면 어떤 인상을 받을까? 마치 나와는 다른 세계에 살고 있는 '거인'처럼 보이지 않을까?

이상하게도 '거인'은 또 다른 '거인'을 유도하지. 거대한 기회의 집단이 되는 거지. 극소수의 가진 자들을 위한 사회는 그렇게 계속 확장되는 거야.

이제 왜 우리가 아무리 가진 것이 없어도 여유를 잃지 않아야 하는지 알겠지? 양보는 미덕이 아니야. 성공의 필수야.

굳이 우리의 결핍을 무의식적으로 드러내면 안 돼.

5

바쁘다는 것에 대한 오해와 진실

일상적으로 보면 늘 바쁘고 시간적인 여유가 없어 보이는 사람이 있고, 또 어떤 사람은 당연히 바쁜 가운데서도 여러 가지 일에 성과를 보이는 사람도 있지?

내가 대학병원에 있을 때 멀티태스킹을 빠르게 처리하는 전문의 교수님들이나 펠로우 분들이 항상 대단해 보였어. 방금까지 응급환자의 중심정맥관Central Venous Catheter을 잡다가 바로 장소를 옮겨서는 병동 환자의 퇴원 리스트 및 약물을 처방했지. 그 신속한 행동들은 단순한 전문성을 넘어 극도의 효율적인 시간관리를 기반으로 한다는 것을 배우게 되었지.

이후 나는 다국적 대기업에서도 대학병원에서의 극도의 효율성 경험이 크게 도움이 되었고 현재도 적극적으로 활용하고 있어.

내가 배운 '시간에 대한 유용한 인사이트'를 정리해볼게.

1) '중요한 일'과 '급한 일'의 구분이 어려우면 효율성을 내기 힘들다

만약 모든 일이 중요하고 급한 일이라면 그 사람의 일상 생활은 불가능할 거야. 어떤 일이 급하다고 한다면 과연 정말 내가 아니면 불가능할지, 현재의 시간을 쏟을 만한 가치가 있는지, 그 중요도를 면밀하게 관찰해야 해. 물론 두 가지 질문에서 중요함의 순위가 떨어진다면 나의 에너지는 더 중요한 일에 집중하는 것이 적절한 거야.

2) 골든타임을 놓치면 결국 시간에 끌려다니게 된다

모든 일에는 가장 좋은 시간이 정해져 있어. 의학적으로는 그게 바로 '골든 타임'이야. 가장 적시의 타이밍에 반드시 처리해야 다음의 단계로 진행되는 일들을 완료하는 거지. 조금이라도 남는 시간에는 급하진 않지만 중요한 일에 대한 효율적인 해결 방법을 생각하는 것이 적절해.

'사막의 여우'로 불리는 독일의 에르빈 롬멜 장군은 늘 작전의 수행보다 예상 시나리오에 더 많은 시간을 썼다고 해. 다양한 예상 상황들에 각각 대응하는 것이 실제로 어떤 예측 불가능한 상황이 일어나 그 문제만을 가지고 오래 고민하는 것보다 훨씬 더 빠르게 문제를 해결할 수 있어.

3) 나의 시간은 나를 '성장'시킬 수 있는 일에 가장 '바빠야' 한다

'옥상가옥屋上加屋'은 지붕 위에 지붕을 더 얹는다는 의미로 쓸모 없는 일을 더한다는 뜻이지. 그런데 직장이나 생활 속에서 '완벽주의'적으로 굳이 필요하지 않은 일에 시간을 계속 쏟는 경우가 생각보다 많아.

캐롤린 듀어는 《세계 최고의 CEO는 어떻게 일하는가》에서 이해 관계자와의 상호작용 실천에 있어 필요한 것은 '핵심에 집중'하는 것이라고 했어.

신이 우리에게 준 가장 공평한 것은 '하루의 시간'이야. 그렇다면 우리는 노력한 만큼 결과를 만들어낼 수 있는 일에 가장 바빠야 해. 시간 관리는 현대인에게 필수야.

어쩌면 최선을 다해 산다는 것은 내게 주어진 '시간'을 잘 관리한 다는 말도 되지 않을까?

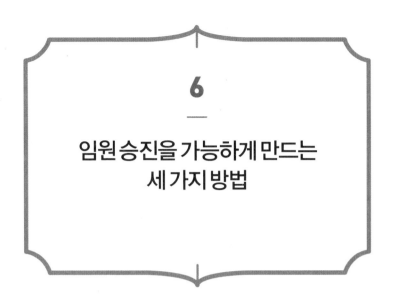

6

임원 승진을 가능하게 만드는 세 가지 방법

혹시 매니저는 어떻게 승진하는지 궁금했던 적 없어?

일반적으로 매니저는 직접 업무를 처리하기보다 팀원들을 통해 성과를 내. 그런데 그 성과가 팀원 개인의 능력이 뛰어나서인지 아니면 그것을 잘 지도한 매니저 덕분인지 대체 어떻게 알 수 있지?

여기에서부터 대부분의 매니저들이 자신의 꿈을 포기해. 매니저까지는 어떻게든 내가 일을 열심히 해서 성과를 낼 수 있지만, 그 이상 임원급부터는 전혀 다른 기준의 다면적 평가가 시작되거든.

그리고 많은 중간관리자들이 잘못 생각하는 것이, 현재의 자리에서 최선을 다하면 그 위 상급 관리직으로 승진할 수 있을 거라고 막연하게 기대하는 거야. 미안하지만 보통 그런 일은 거의 일어나지 않아. 실제 상위에서 평가하는 기준은 중간관리자의 입장에서는 정확하게 파악하는 것이 불가능하거든.

뛰어난 스페셜리스트가 반드시 뛰어난 리더는 아니야.

물론 회사마다 다르겠지만 일반적으로는 그들 상위 관리자와 같은 '넓은 관점'을 가지고 '전략적 사고'를 할 수 있는 중간관리자를 선호해. 임원급 상위 관리직까지 승진한 사람들은 대체적으로 이미 중간관리자에서부터 이런 평가를 받아.

"저 정도 되는 사람이 왜 지금 저 업무를 하고 있지?"라고. 이미 중간관리직을 수행할 때부터 당연히 위로 올라가도 이상하지 않은 피드백을 받는 경우가 많아.

그 이유는 다음의 세 가지야.

1. 올라운드 플레이어All-Round Player의 역량
2. 조직 내의 두터운 신뢰 구축
3. 내가 한 일을 설명할 수 있는 소통 능력

그럼 이제 하나씩 살펴볼까.

먼저 올라운드 플레이어라는 말은 말 뜻 그대로 모든 일을 잘한다는 의미가 아니야. 진정한 의미의 올라운드 플레이어는 직무에 요

구되는 다양한 능력들이 '균형 있게' 성장한 인재를 말해.

만약 우리가 일을 하는 필수 역량이 5~6개 정도라면 도형으로 그리면 오각형 또는 육각형으로 그려지겠지. 일반적으로 균형 있는 인재란 그 필수 역량에서 무엇 하나 크게 부족한 것 없이, 고르게 성장한 '방패형 인재'를 말해.

만약 한 인재가 기획은 엄청나게 잘하는데 소통 능력은 많이 떨어진다면, 그 인재는 올라운드 플레이어는 아니야. 조금 고급지게 《하버드 비즈니스 리뷰HBR_Harvard Business Review》의 표현을 빌리면 이렇게 되지.

"제너럴리스트Generalist VS 스페셜리스트Specialist"

스페셜리스트는 한 분야의 일에 대해서 압도적인 전문성을 갖고 있는 인재를 말해. 굳이 비교하자면 '창 형의 인재'인 거지. 물론 스페셜리스트들도 상위 관리직으로 승진하는 경우도 많아.

하지만 일반적으로 그 레벨에서 승진하는 스페셜리스트들은 이미 대부분의 역량에서 '제너럴리스트'의 역량을 가지고 있지. 크게 보면 어떤 분야에서도 부족한 부분이 없다는 말이야.

그렇다면 현재 나는 어디까지 와 있을까.

확인할 수 있는 쉬운 방법을 가르쳐줄게. 먼저 핸드폰 메모장에 현재 재직 중인 회사에서 요구하는 필수 역량을 5~6개 적어봐. 그리고 그 개수에 따라 크게 도형을 그려봐. 각 도형의 꼭지점에 아까 적은 필수 역량을 기입해.

이제 내가 현재 어느 정도의 역량을 가지고 있는지, 신뢰할 만한 동료나 상사에게 의견을 달라고 부탁해봐. 최소 2~3명에게서 결과를 받을 수 있다면 그 내용은 상당히 객관적인 평가일 가능성이 높아.

그 다음부터는 역량 중 가장 부족한 부분을 보완하면 돼. 그 부분이 영어라면 더욱 학습하면 되고, 만약 리더십이라면 관련 서적을 탐독하고 팀원들과 여러 대화를 나눠봐.

그리고 이 부분은 선택이지만 6개월 정도 뒤에 동일하게 같은 피드백을 요청해봐. 부족했던 부분에서 발전이 일어났다면, 네가 '방패형 인재'에 더욱 가까워져간다는 조짐이야.

그렇다면 조직 내에 두터운 신뢰를 구축하려면 어떻게 해야 할까. 스티븐 R. 샬렌버거는《그들은 어떻게 최고가 되었나》에서 '최고가 되기 위한 행동원칙'으로 "신뢰를 쌓고 유지하라"라고 말하지.

신뢰Trustworthy는 너를 중간관리자들 중에서 단연 돋보이게 만들어 줄 수 있는 엄청난 '강점'이야. 대신 그만큼 지키기도 어렵지.

모건 하우절도 그의 책에서 "워렌 버핏은 평판을 쌓는 데는 20년이 걸리지만 그것이 무너지는 데는 5분이면 충분하다고 말했다"라고 썼어. 성공한 리더들은 한결같고 계획적이며 사려 깊은 행동들을 통해 높은 신뢰도를 쌓았어. 그 신뢰를 쌓는 방법은 바로 '행동'하는 거야.

스티븐 R. 샬렌버거는 몇 가지 구체적인 방법을 제시하고 있어.

1. 일정에 맞춰 끝내라

약속시간까지 마무리하지 않으면 신뢰도가 떨어지기 쉽다.

2. 일관성을 유지하라

일관성은 모든 관계에서 신뢰도를 높여준다. 당신이 한 말을 그대로 행하라.

3. 제때 반응하라

말한 대로 지킨다는 평판을 유지하라. 제때 이메일에 답장하고 회신 전화를 하라. 즉각적으로 반응하라.

4. 터놓고 의사소통 하라

그리고 자신의 성과가 측정되게 하라. 의도와 동기에 대해 소통하면 자신의 행동에 투명성을 더할 수 있다.

5. 신뢰감을 주라

뿌린 대로 거두듯, 신뢰를 심으면 신뢰를 수확할 수 있다.

6. 진실을 말하라

뭔가를 숨기거나 반쪽 진실만을 말한다면 자신이 쳐놓은 '거짓말'이라는 거미줄에 자기 자신이 걸려들고 만다. 성장과 발전의 기회는 신뢰 받는 사람들에게 주어진다.

대체로 신뢰는 상호적이야. 먼저 내 자신이 진실하게 소통하고, 그 다음에 상대에게 요구해야 해.

마지막으로 내가 한 일들을 설명할 수 있는 '소통 능력'에 대해 말해볼게. 이 부분은 내 경험상 생각보다 많은 중간관리자들이 그 중요성을 모르는 경우가 많았어.

'팀'이 한 일과 '내가' 한 일을 정확하게 구분하지 못하기 때문에, 평가에서 '본인'이 한 일이 무엇인지 정확하게 설명을 잘 못하는 거야. 특히 글로벌 기업들에서는 그러한 구체적인 사례가 개인의 평가에 직결되는 경우가 많기 때문에, 반드시 자신의 성과를 잘 설명할 수 있는 숙련성을 길러야 해.

"이번 신제품이 성공적으로 시장에 론칭하게 된 배경에는 어떤 것이 있었나요?"와 같은 질문에, "내가 이 부분을 지시했기 때문에 팀이 잘할 수 있었다"와 같은 대답은 '하수'야.
세련된 광고는 그 대상을 '직접적'으로 드러내지 않으면서도 자연스럽게 정보 전달을 하는 방향으로 관심을 이끌어내지.
마찬가지야. '팀'이 한 일을 절대 '내가' 한 것처럼 포장하면 안 돼. 몇 마디만 더 말을 시켜보면 바로 알아.

내가 해야 할 말은 크게 '기승전결'의 하나의 스토리를 가지고 가야 해. 모든 요소가 다 들어 있지 않더라도 반드시 아래의 내용이 있어야 해.

1. 문제 발견
2. 가이드
3. 행동 촉구
4. 결과

여기서 내가 돋보일 수 있는 것은 1~3의 부분이야. 결과는 '팀'이 만들어내는 거야.

- 먼저 '문제를 발견'하고, 이를 해결하기 위해 '팀'과 합심하여 좋은 결과를 만들어냈다.
- 문제를 발견한 팀원에게 전달 받은 내용을 바탕으로 '팀과' 논의하여 해결할 수 있는 구체적인 방법을 '가이드' 하였다.
- 어느 정도 해결 방법이 있는 상황에서 전체적으로 놓치는 부분이 없도록, 팀의 상태를 '지속적으로 점검'하고 빠른 행동을 이끌었다.

맞지? 그런데 결과 부분에 '나'를 집어넣으면 이렇게 돼.

- 발견된 문제점에 대해 팀을 통해 구체적인 해결 방안을 만들 수 있었고, 다행히 빠른 조치가 이어져서 '나의 리더십'을 통한 좋은 결과를 만들

수 있었다.

뭐지? 순간 엄청 재수없어 보이지 않아? 꼭 팀이 처음부터 끝까지 잘 만들어놓은 결과물을 내 것인 양 집어가는 것처럼 보이잖아.

4의 결과에서는 '개인'이 들어갈 여지가 거의 없어. 그리고 들어간다 해도 대부분 스토리텔링 자체가 성립되지 않아.

따라서 모든 것은 당연히 '우리가' 힘을 합쳐 이룬 일이지만, 그 일이 이루어질 수 있도록 프로젝트의 전체 진행 상황에서 내가 '컨트롤 타워'의 역할을 했다는 것이 뼈대가 되어야 하는 거야. 임원들이 일하는 방식이나 리더급의 상위 관리자들은 늘 그렇게 해.

앞에서도 얘기했듯, 중간관리자이지만 그들은 이미 상위관리자처럼 이러한 능력을 갖고 있어. 그리고 이 세 가지 능력이 균형 있게 갖추어진 '방패형 인재'는 또 다른 '방패형 인재'를 찾게 되겠지.

이게 바로 우리가 전략적으로 '승진'을 대하는 태도가 되어야 해.

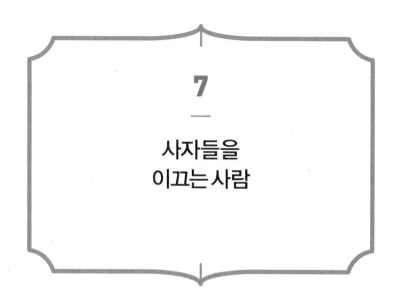

7
—
사자들을
이끄는 사람

세계적인 마술사인 데이비드 블레인David Blaine.

그는 단순히 마술을 하는 것이 아닌 연출에서 극적인 광경을 표현하는 것으로 유명해. 예를 들어 투명한 유리 플렉시 글래스 안에서 44시간을 버티거나, 물탱크 속에서 17분 4.5초를 숨을 쉬지 않고 참아 기네스북에 오르는 등, 그의 마술을 보면 탄성을 넘어 경이롭게 느껴져.

멋진 공연을 펼치는 연출가일수록 불가능해 보이는 상황 속에서도 더 웅장하고 세밀한 퍼포먼스를 대중에게 보여주지.

리더도 마찬가지야. 리더도 사람이기 때문에 내적 외적인 자극으로 인해 하루에도 수많은 파동이 마음속에 일지.

그러나 이러한 부분들은 구성원들에게는 표면적으로 잘 보이지 않아. 드러내지 않기 때문이지. 사람들은 무의식적으로 '강한' 리더를 원하기 때문이야.

그렇지만 내가 초점을 맞추고 싶은 부분은 그러한 리더의 의도적 강함 뒤에 감춰진 '니즈Needs'를 읽어내고, 그에 맞추어 준비하는 구성원들이 있는 팀이 진정으로 '강한' 조직이라는 점이야.

2024년 초 오전에 내가 직접 발표해야 하는 중요한 미팅이 있었어. 원래 계획은 영업부서 분들께 발표를 마치고 서울대병원으로 이동하여, 외국에 계신 글로벌 의학부 고위 리더 분과 화상 미팅을 하며 오후 일정을 진행하는 것이었지. 그런데 오전 미팅이 생각보다 많이 길어졌어.

이동하는 택시 안에서 발표를 하는 것도 고려하고 있던 찰나에, 함께 일하는 팀원 분의 메시지가 왔어. 내가 늦어질 경우 본인이 커버할 수 있으니 걱정 말고 현재 일정을 진행해달라는 내용이었지. 그래서 나는 끝까지 발표를 잘 마쳤지. 지금 생각해도 참 고마운 일이야.

작년 2023년에 개소식 부서 미팅에서 나는 "우리는 사자 무리이다We are the LionPack"라는 내용을 발표했어.

리더는 사자들을 이끄는 사람이야. 구성원들 한 사람 한 사람이 특출한 재능과 지식을 겸비한 조직에서 리더의 역할을 하기 위해서는 그분들보다 월등하게 나은 지식이 필요한 것이 아냐.

리더와 구성원들의 마음이 연결되어 서로에게 무엇이 필요한지 정확히 인지하고 있을 때, 그 조직은 '강한' 조직으로서 그 누구도 무너뜨릴 수 없는 유대감과 결속력을 갖게 되지.

극강의 스턴트를 보여주어야 하는 리더들이 안심하고 무대 위에 설 수 있는 것은 무한신뢰의 위대한 팀원들이 존재하기 때문이야.

그럼 이제 다시 한번 혼자 조용히 생각해봐. 과연 지금 내가 속해 있는 조직에서 나는 사자들을 이끄는 사람일까? 아니면 사자와 같은 구성원일까?

그 대답이 이후 너의 성공을 가르게 될 거야.

PART 5 자기계발

경제적 실현을 위한 첫걸음

새벽 1시의 광명역에
나보다 많이 간 사람은 없을 거야.

무서울 정도로 적막이 흐르지.

당시의 나는 일과 삶의
균형을 이루고 있다고 생각했어.

하지만 그건 '기만'이었어.

첫 장에서 말했던 것처럼 우리는 모두 꿈을 갖고 있어.

그렇지만 그 꿈은 늘 현실적인 제약에 따라 꺾이고 타협하다가 결국 포기하게 되지. 나는 그 꿈이 '자기 계발'과 '투자', 이 두 가지 방법을 통해 꼭 이루어질 것이라고 믿어.

자기 계발은 비싼 값을 치르고 명품을 사서 입는 것이 아니라, 나 자신이 명품이 되기 위해 노력하는 거야. 그리고 이를 위해 반드시 필요한 것은 '실천'과 '시간'이지. 독일의 전설적인 머니 트레이더인 보도 셰퍼는 《돈》에서 이렇게 말했어.

"돈으로부터 자유를 얻는 길은 분명, 마냥 쉽기만 한 길이 아니다. 하지만 경제적인 문제에 매여 사는 인생은 훨씬 더 고단하다."

투자는 무엇보다 '원금의 크기'와 '수익률'이 중요해. 그리고 거기에 '시간'이라는 요소가 더해지면 폭발적인 복리의 성과가 이루어지지. '복리'를 이해하는 것은 너무나 중요해. 그리고 복리가 힘을 얻기 위해서는 '시드 자원Seed Resource'과 '축적된 시간Accumulated Time'이 꼭 필요해.

정리해보면 우리에게 필요한 것은 이렇게 두 가지가 되는 거야.

1. 내가 원하는 생활 수준이 될 정도로 내 몸값을 많이 올린다.
2. 물가 상승을 이길 수 있는 안정적인 현금 순환 시스템을 만든다.

그렇다면 이런 공식이 도출되겠지.

◆ 자기 계발 (몸값 인상) = 실천 × 축적된 시간
◆ 투자 (현금 순환 시스템) =

   (시드머니 + 지속적인 고정 소득 투자) × 축적된 시간

이 두 가지만 잘하더라도 스스로 미래를 설계하고 인생을 성공적으로 개척하는 사람이 될 수 있어.

이번 장에서는 가장 효율적인 시간 운용 방법과, 직장인으로서 안정적인 현금 순환 시스템을 어떻게 만들지 그 방법에 대해 알아볼 거야.

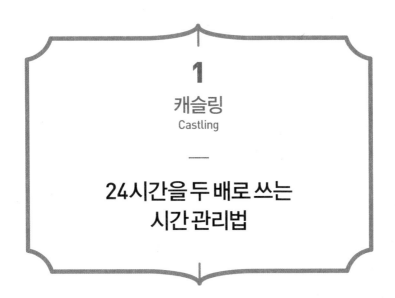

1

캐슬링
Castling

—

24시간을 두 배로 쓰는
시간관리법

부자와 가난한 사람에게 동일하게 주어지지만 다르게 쓰이는 유일한 자원이 있어. 바로 '시간'이지. 나는 시간이 세상에서 가장 소중한 자원이라고 생각해. 그 이유는 두 가지야.

1. 시간은 앞으로만 흘러간다(석유처럼 양에 제한이 있는 희소성 있는 자원이야).
2. 시간은 활용 방법에 따라 가장 높은 복리 배수가 붙는 자원이다.

롭 무어의 《레버리지》에는 '수확체감의 법칙Law of Diminishing Returns'

이라는 말이 나와. 이 말은 돈을 더 벌고 싶어서 연장근무를 한 사람들이 실제로는 많은 돈을 벌고 있다고 '착각'하는 데서 기인하고 있어. 즉 생활수준을 높이기 위해 돈을 더 버는 노력을 하지만, 실제로 그 과정에서 더욱 희소한 자원인 '시간'을 잃는다는 말이야.

인플레이션이 높아지면 화폐의 가치는 떨어져. 물가 상승률이 평균 4%라면, 18년이 지나면 화폐의 가치는 절반으로 떨어진다는 결과도 있어. 매년 4%씩 내 돈의 가치가 떨어지기 때문에 앞서 말한 복리의 효과가 역으로 작용해서 내가 열심히 벌어놓은 돈을 조금씩 줄이고 있는 거지.

이 말이 얼마나 무서운 말인가 하면 열심히 모은 내 시드머니 1억을 은행에만 보관하고 있으면, 18년이 지나면 4,995만 원의 가치로 반토막이 난다는 말이야.

예전에 일하는 것만이 최선이라고 생각하고 있을 때, 내게 가장 아프게 다가왔던 대목이 있어.

"당신은 잠자는 시간보다 더 많은 시간을 일하는 데 사용한다. 놀고, 탐험하고, 창조하고, 나누고, 배우고, 사랑하는 시간을 모두 합한 것보다 더 많은 시간을 일하는 데 사용한다. 그것은 균형이 아니라 스스로 부여한 노예의 삶이다."

내가 처음 글로벌 제약기업에서 일을 시작했을 때 경제적으로 무척 절박했어. 남들보다 늦게 시작한 사회생활에서 결혼 비용을 되도록 빨리 벌어야만 했거든.

한마디로 돈에 갈급한 30대 초반의 건강한 청년이었지. 그래서 내 JD(직무계획서)에 들어 있는 업무는 물론 남의 부서 업무까지 필요에 따라 도맡았어. 일이 있으면 자발적으로 야근을 했어. 그때는 그게 맞는 줄 알았어.

2015년 기준 핵심성과지표 성과지에 1년에 485번 외근을 했고, 전국 안 다녀본 곳이 거의 없이 기차, 택시, 비행기 등 모든 이동수단을 이용해서 제품 세미나 발표를 하러 다녔어.

그 당시 영업 사원들 사이에서 내 별명은 '발표하는 기계'였어. 얼마나 열심이었는지 화장실에서 나오다가 문턱에 발이 걸려 넘어지면서도 제품 스펙 설명서를 중얼거렸어. 지금도 시키면 어느 정도는 할 수 있을 것 같아. 그래서 영업부서 연말 송년회에서 다른 부서 소속인 내가 영광스럽게도 전체 영업사원 건배사를 했었지.

새벽 1시의 광명역에 나보다 많이 간 사람은 아마 없을 거야. 지방 출장을 마치고 막차를 타고 역에 내리면 어떤 소리가 들리는지 알아? 무서울 정도로 고요한 적막뿐이야. 그 넓은 역사에 내 발자국 소리만 저벅저벅 들리지. 그 와중에도 하루 외근비 6,000원을 쓰고 싶어서 역에 있는 24시 핫도그 가게에서 악착같이 5,900원짜리 메뉴를 포장해 갔어.

롭 무어는 "일과 삶의 균형이라는 망상"이라는 말을 했는데, 나는 당시에 일과 삶의 균형을 이루고 있다고 생각했지만 그건 '기만'이었던 거야.

레버리지 철학은 간단해.

"다른 사람보다 더 열심히 더 오래 일했다가는 경제적, 시간적 여유도 없는 은퇴를 위해 자신을 희생하고 소진하게 될 것이다. 더 전략적으로, 더 체계적으로 일하고, 당신의 비전에 집중할 시간을 최대화하고, 단순 작업과 시간 낭비를 철저하게 배제해야 한다."

시간은 유한한 자원이야. 따라서 '무엇을 하고 무엇을 포기해야 하는지' 명확하게 결정해야 해. 용기가 필요한 일이지.

20/80으로 유명한 '파레토의 법칙'이 있지? 레버리지에서는 '파레토의 법칙'을 이렇게 정의해.

- 20%의 이익을 위해 돈의 80%를 낭비하지 마라.
- 20%의 즐거움을 위해 시간의 80%를 낭비하지 마라.
- 20%의 완성을 위해 비효율적인 80%의 작업을 수행하지 마라.
- 할 일의 목록 중에서 80%를 삭제하라.
- 80%의 시간 동안 중요한 20%의 일을 하라.

◆ 시간을 빼앗는 이메일의 80%를 삭제하거나 위임하거나 버려라.

이 부분에서 쉽게 '내 시간의 가치를 계산할 수 있는 방법'이 있어. 바로 '소득 창출 가치'를 계산하는 거야. 롭 무어는 소득 창출 가치를 이렇게 계산했어.

$$\text{소득 창출 가치 IGV} = \frac{\text{분모의 시간 동안 벌 수 있는 돈의 총액}}{\text{매주 일하는 시간의 총량}}$$

이렇게 계산해보면 '시간당 소득'이 산출돼. 이제 여기서 중요한 것은 이 가격 밑으로 떨어지는 일들은 '남에게 맡기거나 포기'해야 한다는 거야. 현재의 나를 계산해보니 최소로 계산해도 시간당 세 자리 단위가 넘어갔어.

그렇다면 나는 세차를 직접 할 시간에, 설거지를 할 시간에, 유튜브 숏츠를 볼 시간에 내 '시간당 소득'보다 더 높은 가치의 일을 하는 게 이론적으로 맞는 거야. 그리고 내 기준에서 시간 당 세 자리 단위의 소득보다 더 비싼 가치를 갖는 일은 '가족과의 시간' 외에는 없었어. 그게 내 삶의 목표를 바꾼 이유야.

게리 켈러의 《원 씽》에서는 이를 "버리고, 선택하고, 집중하라"고 말하지. 그렇다면 하루 중 가장 중요한 '단 하나의 일'을 정하기 위해서 필요한 것은 뭘까?

그건 바로 앞에서 말한 '포커스 타임Focus Time'이야.

나에게 포커스 타임을 알려준 그분께 좀 더 깊이 물었지.

"포커스 타임에는 주로 어떤 일을 하세요?"

그분의 대답은 심플했어.

"나는 그 시간에 아무것도 안 해."

뒤통수를 세게 맞은 느낌이었지. 매일 11시간 이상의 시차를 무시하며 일하고, 글로벌 회의를 15분 단위로 수십 개 운영하는 최고위 임원이자 한 회사의 총괄부서 수장이 하루에 30~45분을 아무것도 안 하고 논다고? 그런데 이어진 설명은 나를 탄복시켰어.

"나는 그 시간에 오늘 내가 꼭 해야 할 일을 결정해."

이 책은 일부러 어려운 용어를 최대한 줄였지만 비즈니스 전문 용어로 이를 '우선순위화Prioritization'라고 불러. 내가 해야 할 일의 가장 우선순위를 먼저 세팅하는 거야. 왜냐고? 내가 숨쉬는 시간조차도 하나의 '자원'이니까. 그 자원을 극대화할 수 있는 부분을 먼저 생각하는 거야.

이제 선택하고 결정해야 할 시간이야.

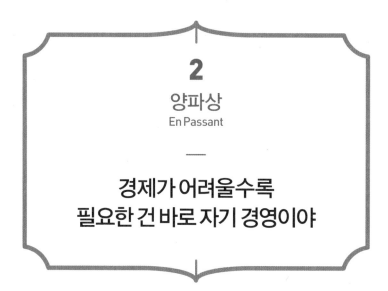

2

양파상
En Passant

—

경제가 어려울수록
필요한 건 바로 자기 경영이야

1) 당신의 '마스터 마인드' 연합은 누구인가?

혼자서 성공하는 사람은 없어.

아놀드 슈왈츠제네거는 한 대학의 연설에서 "나를 어떻게 불러도 좋다. 그렇지만 내가 스스로 이루어낸 인물Self-made Man이라고는 부르지 마라. 나는 아무것도 혼자서 이룬 것이 없기 때문이다"라고 말했어.

나폴레온 힐은 이를 '마스터 마인드 연합'이라고 불렀는데, 이는 "명확한 공동의 목표를 위해 둘 이상의 마음이 모여 서로 적극 협력하는 관계"를 말해. 이렇게 하면 연합한 사람들이 서로의 '경험'과 '지식'을 최대한 '자신의 것'처럼 활용할 수 있지.

호주의 '가장 영향력 있는 여성' 중 한 명인 재닌 가너'는 《인맥보다 강력한 네트워킹의 힘》에서 내게 꼭 필요한 '나만의 핵심 인물(Core 4)'을 다음과 같이 정의해.

1. 촉진자Promoter

   잠재적인 가능성을 적극적으로 끌어내고 당신이 큰 꿈(당신의 불)을 가지도록 북돋운다.

2. 정비 담당자Pit Crew

   당신을 바르게 이끌어주고 보살피며, 당신을 짓누르는 불편한 감정들을 막아준다(당신의 물).

3. 선생님Teacher

   지식, 지혜, 그리고 혜안을 기르도록 돕는다(당신의 공기).

4. 버트 키커Butt kicker

   성공으로 가는 당신의 여정을 가속화하고, 당신을 좀 더 밀어붙이고 책임감을 지운다(당신의 땅).

개인적으로 이 4가지 유형의 사람은 우리의 성공에 필수적이야.

내게 있어서 '촉진자'는 대체로 직장의 상사들이 많았어. '정비 담당자'는 나를 누구보다 잘 알고 때로는 쓴소리도 아끼지 않는, 나를 누구보다 진심으로 생각하는 내 아내야.

'선생님'은 나의 지식을 한 단계 위로 올려준 사람으로, 이전 회사의 아시아-태평양 그룹 지부 총괄자였지. 내 가장 소중한 멘토 중한 분이기도 해.

가장 민감할 수도 있는 '버트 키커'는 직장과 생활 속의 내 경쟁자들이었어. 그렇지만 그들이 있어서 나는 다시 한번 내 한계를 깨트릴 수 있었고, 결과에 상관없이 그들의 손을 잡고 악수할 수 있었지.

우리가 가진 '마스터 마인드 연합'은 이렇게 명확한 특성을 가진 사람들이 우리의 성공을 위해 함께 노력해줄 때만 목표를 달성할 수 있어. 다시 한번 말하지만 그 누구도 '혼자서' 성공하는 사람은 없어.

2) 99레벨의 흉내쟁이

"하늘 아래 새로운 것은 없다."

예전 어느 돌 판에 새겨진 기록이래. 모든 것들은 영원히 순환하고 반복된다는 거야. 아무리 뛰어난 영웅이라 해도 죽고 나서 오랜 기간이 지나면 그의 사소한 행적들은 잊혀져.

그렇지만 우리는 기록을 통해 그가 이뤄낸 주요한 성과들이나 전략, 생각들을 배울 수 있지. 그 지혜가 다시 현재에 활용되면 다시 생명을 가지게 되는 거야.

뒤집어 생각하면, 우리가 만약 어떤 문제를 두고 힘들어한다면 그 문제는 분명 과거 또는 현재의 누군가도 함께 고민했을 가능성이 커. 그 말은 해결 방법 또한 어딘가에는 답이 나와 있다는 거지. 비슷한 답이라도 말야.

따라서 당면한 문제를 가장 쉽게 해결하는 방법은 이미 성공한 사람들의 문제 해결 방법에서 찾아내는 것이라고 생각해.

그렇지만 성공한 사람을 단순히 '카피'하는 것만으로는 '오리지널'을 이길 수 없어. 그 사람의 성공 기술과 노하우를 배우되 그것을 나만의 '독창적인 색깔'로 재해석해야 차별화할 수 있어.

그게 바로 우리가 지향해야 하는 '레벨 99의 흉내쟁이'야.

1979년 2월, 애플의 스티브 잡스는 애플의 투자를 계기로 그래픽 기반으로 움직이는 인터페이스GUI를 연구하던 팔로알토Palo Alto 연구소를 방문했어.

그때 그는 처음으로 당시 '작동되지 않는 버튼들이 달린 갈색상자'로 불리던 '마우스'의 최초 모델을 두 눈으로 보게 되었지. 그는 돌아오자마자 '마우스'와 함께 '그래픽 기반 사용자 인터페이스'를 개발했고, 모두가 아는 바와 같이 큰 성공을 거두었지.

재미있는 부분은 그 마우스를 처음 개발한 사람은 스티브 잡스가 아니라 제록스Xerox의 지원을 받고 있던, 비영리 스탠퍼드 연구소SRI의 엔지니어이자 발명가인 윌리엄 커크 잉글리시William Kirk English였어.

그는 안타깝게도 마우스라는 인류 역사상 혁신적인 발명품을 개발하였음에도 명성은 불구하고 5만 달러 외 어떤 추가적인 보상도 받지 못했지. 마우스의 특허 라이선스가 스탠퍼드 연구소에 있어서, 2013년 공동 개발자인 더글라스 엥겔바트가 사망했을 때 팔로알토 연구소로부터 5만 달러를 받은 거야.

스티브 잡스가 위대한 이유는 원래의 투박하지만 혁신적인 아이디어였던 '마우스'라는 전산 입력 장치를 사용자들이 접하기 쉽게 진화시켜 개발했기 때문이야. 그건 바로 스티브 잡스가 '레벨 99의 흉내쟁이'였기 때문에 가능했던 일이지.

레벨99의 흉내쟁이는 더 이상 '오리지널'을 카피하지 않아.
그는 '오리지널의 특성'을 배우고 발전시켜, 본인만의 창의력을 더해서 더 '뛰어나게' 만드는 존재야.

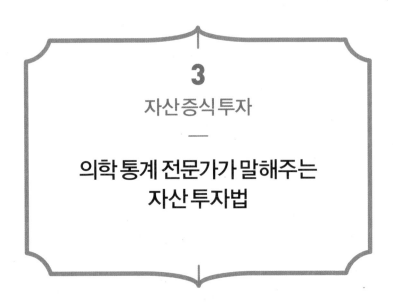

3
자산증식투자
—
의학 통계 전문가가 말해주는
자산 투자법

나는 조금 독특하게도 의학 대학원에서 '유전 역학Genetic Epidemiology'을 전공했어.

엄밀히 말하면 희귀질환 및 만성질환 연구 분야에 기반을 둔 '유전학'과 통계에 기반을 둔 '역학'을 함께 배울 수 있는 유용한 학과 야. '역학'이라는 단어가 생소하다면 코로나-19 시절 매일 뉴스에 나오던 '역학조사'라는 단어를 떠올리면 돼.

팬데믹이 어디서 더 빈번하게 발생하는지, 어떤 지역에 집중적으로 의료 시설을 확충해야 하는지, 어떤 지역이 보건 의료에 있어 취약한지, 의학 통계를 기반으로 가장 객관적인 분석결과를 진행하는 것이 역학에 있어 핵심이거든.

나는 몇년 전 워렌 버핏의 그 유명한 "잠자는 동안에도 돈이 들어오는 방법을 찾아내지 못한다면 당신은 죽을 때까지 일을 해야만 할 것이다"라는 말을 아프게 새긴 후, 본격적으로 재테크와 투자를 이어오고 있어.

처음 주식 시장에 대한 공부를 할 때 '제시 리버무어', '스탠 와인스타인', '레이 달리오', '짐 로저스' 같은 대가들의 저서를 통해 시장이 움직이는 원리인 거시적 경제를 배우게 되었지. 그런데 신기하게도 내가 늘 읽고 있는 의학 논문의 통계학적 관점과 트렌드를 읽는 부분이 크게 다르지 않다는 것을 알게 되었어.

투자를 시작하게 된 계기는 이랬어.

한때 오랜 시간 추운 바깥에서 외근을 하고 돌아오던 길, 카페에서 1,500원 하는 커피를 마셔야 할지 비를 맞으며 고민했었지. 그러다가 카페에서 책을 읽으며 버스를 기다리기로 했지. 그때 읽었던 책이 그 유명한 로버트 기요사키의 《부자 아빠, 가난한 아빠》였어. 앉은 자리에서 시간이 늦은 줄도 모르고 눈시울을 붉혀가며 읽었던 기억이 나.

"왜 이런 소중한 금융지식을 나는 모르고 살았을까!"

후회가 파도처럼 밀려왔어. 이제부터라도 제대로 된 원리를 바탕으로 안정적인 수입원을 만들어야겠다고 다짐했지.

경제적 실현을 위한 첫걸음

그래서 당시에 쓰던 필명도 '고용자'에서 '투자자'로 포지션을 바꾸는 의미를 담았지. '내가 돈을 위해서 일하는 것'이 아닌 '돈이 나를 위해 일하게' 만들고 싶었어. 그 이후 나만의 투자 원리를 만들어 지금까지도 운용해오고 있어.

주식 투자에는 너무나 많은 분석 방법들이 존재해. 그중 내가 실제 해본 방법들은 '퀀트 투자(강환국), 패턴매매기법(장영한), 밸류 리벨런싱(라오어), 가치주/성장주 투자(제시 리버모어, 찰리 멍거), 매크로 투자(피터 나바로), 차트 분석(스탠 와인스타인), 배당주 투자(타우칸, 팀 플랜)' 등 여러 가지 시도를 했었지.

내가 보기에 가장 안정적이고 장기적 수익이 높았던 것은 단연 저평가된 주식에 투자하는 '가치주/성장주 투자'였어. 특히 내가 선호하는 투자의 알고리즘은 기업의 기초사항Fundamental도 중요하지만 기업의 현재 가치Valuation에서 얼마나 저평가되어 있는가를 1차적으로 여과Filtering하여 소수의 선별된 종목들을 골라내는 편이야.

이후 자세히 다루겠지만 간단하게는 PER(P/E Ratio), PEG(FWD), Debt/Asset 등을 통해 기업의 현재와 향후 성장여건을 살펴보고, 기업이 판매하는 제품이 실제 시장에서 주목할 만큼 유망한지를 확인한 뒤, Fear/Greed Index를 통해 '공포Fear' 또는 '극한 공포Extreme Fear'에서 해당 주식을 매입하는 편이야.

전설적인 앙드레 코스톨라니의 《돈, 뜨겁게 사랑하고 차갑게 다루어라》에서, 미래가 유망한 주식이라면 "미리 투자해놓고 푹 자라"는 말이 실제 시장에서도 상당히 정확한 사실이라는 것을 알게 되었어. 월가의 전설 피터 린치는 1977~1990년까지 13년 동안 전설적인 펀드인 '마젤란 펀드'를 운영하며 2,703%라는 경이로운 수익률을 냈어.

그런데 여기서 흥미로운 것은 그 펀드의 절반 가까운 투자자들은 2~3%의 수익 또는 심지어 손실을 보고 나왔다고 해. 주식의 변동성을 견디지 못한 투자자들이 손실을 확정하며 안타깝게 실패한 케이스라고 분석하고 있어.

'피터 린치'가 만든 또 다른 용어가 바로 '텐배거Ten Bagger'라는 용어야. 문자 그대로 '10배 이상 오른 주식'이라는 뜻이야. 비단 텐배거는 주식에서만 쓰이는 정의는 아니라고 생각해.
우리의 삶 가운데에서도 텐배거의 미래가 보이는 사람들이 있어. 그 사람들은 어쩌면 지금은 너무나도 평범하거나 심지어 내리막길에 있는 것처럼 보이지만, 특정한 순간이 오면 누구보다 빛나게 높게 날 것이라고 생각해.
만약 주변에 텐배거가 될 사람들이 있다면 또는 내 자신이 텐배거라면 힘들더라도 더 용기를 내서 오늘 하루를 살아갔으면 좋겠어.

연일 투자 채널마다 나오는 'NVIDIA(엔비디아)'는 2022년까지만 해도 '횡보디아'라는 오명으로 놀림거리가 되었었어. 주식이 반 년 가까이 횡보했기 때문이야. 그 후 잘 아는 것처럼 V자 형태로 수직 반등하여 현재 지구상에서 거대한 시가총액 기업 2위에 랭크되는 기염을 토해냈어. 지금의 엔비디아는 '천비디아'라고 불리지.

연봉은 쉽게 두 자릿수로 오를 수 없더라도 수익률은 전략에 따라 두 자릿수가 가능해. 지금부터 '텐배거'의 인생을 향해 함께 이야기를 시작해보자.

1) 먼저 돈의 속성을 이해해보자

제목부터 너무 재미있는 피터 나바로의 《브라질에 비가 내리면 스타벅스 주식을 사라》라는 책이 있어. 개인적으로 이 책 한 권만 읽어도 세상이 어떻게 움직이고 있는지 파악할 수 있을 거라고 생각해.

내 투자 자산의 키워드는 '주식을 활용한 투자'이니 그 관점으로 얘기를 시작해볼게.

주식은 언제 오르고 언제 내릴까?

이 질문의 답은 워렌 버핏도 모르고 가치 투자의 전설인 제시 리버모어조차도 몰라. 다만 뛰어난 투자자들은 객관적 사실을 바탕으로 과거와 현재의 트렌드를 비교하여 가장 안전한 타이밍에 매수를 하는 것뿐이지.

그럼 우리는 주식이 어떤 상황에서 가장 큰 영향을 받는지 알고 있을까? 피터 나바로는 이렇게 설명하고 있어.

"매크로 투자자는 인플레이션이 증가하면 연준이 금리를 올린다는 것을 알고 있다. 그리고 금리가 오르면 외국의 투자를 추가로 끌어들이기 때문에 달러 가치가 상승한다.

그렇다면 달러 강세는 무역수지에 어떤 영향을 미칠 것인가? 매크로 투자자는 적자가 늘어난다는 것을 안다. 달러 강세는 미국의 수출 가격을 올리고 수입품을 값싸게 만들기 때문에 미국 기업들의 수출량은 줄어들고 소비자들의 수입품 구매는 증가한다. 그래서 무역 적자가 늘어난다."

대체 무슨 말인지 어려운 말들이 많지? 나도 처음에 그랬어. 위의 글을 쉽게 정리하면 다음의 세 가지로 요약할 수 있어.

1) 인플레이션은 연준의 금리를 올리게 만들고, 그러면 미국 돈의 가치가 올라간다.
2) 미국 돈의 가치가 올라가면 외국인들은 자기 나라의 돈을 달러로 바꾸기 때문에 갈수록 달러의 가치가 올라가지만, 장기적으로는 미국인들이 값싼 수입품을 더 많이 구입하기 때문에 무역의 이익 관점에서는 나쁘다.
3) 이러한 경제의 흐름은 늘 반복된다.

결국 여기서 가장 중요한 키워드는 '경제는 순환'한다는 점이지. 순환하는 시장에서 현재 어디에 경제 사이클이 있고, 어떤 분야의 성장이 돌아올지를 예측하는 것만으로도 이미 초보 투자자는 아니라고 생각해.

여기서 두 가지 비법을 알려줄게.

우리 같은 직장인들에게 주식 투자는 마라톤이야. 모든 성공한 투자자들이 입을 모아 말하는 부분은 '좋은 주식'에 투자하고, 그 투자가 좋은 결과로 이어질 때까지 최소 몇 년 이상을 기다리라는 것이지.

거의 화분 하나를 키우는 과정이라고 생각하면 돼. 물론 그 식물이 여러 이유로 도저히 회복 불가능한 상태가 될 거라고 생각하면, 그전에 빠르게 정리하는 것도 필요한 부분이야.

지금부터 보여주는 두 가지 지표는 순간적으로 우리를 "어?" 하게 만들 거야. 첫 번째는 이제까지 장기적으로 미국 시장에 투자했을 때 수익을 얻을 수 있는 확률을 정리한 그래프야.

표를 보면 10년 이상 투자했을 때 플러스 수익이 날 수 있는 확률이 95% 가까이 되지? 이 부분이 바로 워렌 버핏이 아내에게 보내는 유언장에 "내가 죽으면 S&P 500에 반드시 남은 90%의 자산을 투자하시오"라고 했던 부분이야.

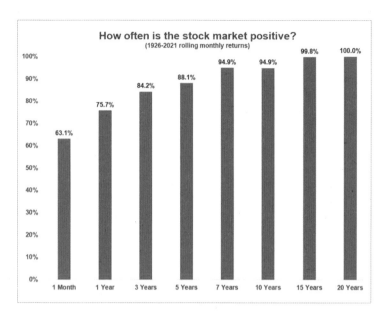

미국 주식 보유 기간별 수익률(1926-2021년, 매달 투자수익 기준)
출처: www.youdad.kr

주식에 대해 1도 모르는 사람이라도 미국 시장을 따르는 주식 ETF(VOO, SPY, SCHD) 등에 투자해놓고 10년 정도 기다리면 20명 중 19명이 수익을 낼 수 있지. 심지어 20년 가까이 기다리게 되면 수익이 날 확률은 100%라고 통계는 말해주고 있어.

"즉, 시간이 바로 리스크를 헷징Hedging하는 거야."

두 번째 비법은 이자와 이자가 붙게 되면 바로 '복리'가 되는 이치를 이해하는 거야.

이 복리라는 녀석은 (이런 표현 써서 미안하지만, 이 녀석이 얼마나 재

복리 도표 : 연간 투자액 120만 원   (단위 : 천원)

년	5년	10년	15년	20년	25년	30년	35년
1%	6,134	12,568	19,330	26,437	33,907	41,758	50,009
2%	6,271	13,168	20,784	29,192	38,475	48,724	60,040
3%	6,411	13,804	22,373	32,308	43,824	57,175	72,653
4%	6,556	14,476	24,111	35,835	50,098	67,452	88,656
5%	6,704	15,187	26,013	39,831	57,466	79,974	108,790
6%	6,855	15,939	28,094	44,361	66,129	95,260	134,244
7%	7,011	16,734	30,371	49,498	76,325	113,951	166,722
8%	7,171	17,576	32,865	55,329	88,336	136,834	208,094
9%	7,334	18,466	35,594	61,947	102,495	164,884	260,876
10%	7,502	19,408	38,583	69,464	119,198	199,296	328,295
11%	7,674	20,404	41,855	78,002	138,912	241,547	414,495
12%	7,850	21,458	45,439	87,703	162,186	293,451	524,785
13%	8,031	22,572	49,364	98,727	189,674	357,239	665,966
14%	8,216	23,751	53,663	111,255	222,145	435,653	846,755
15%	8,406	24,998	58,370	125,494	260,504	532,058	1,078,249
16%	8,600	26,316	63,525	141,677	305,822	650,584	1,374,701
17%	8,800	27,710	69,170	160,068	359,358	796,292	1,754,246
18%	9,004	29,184	75,350	180,968	422,596	975,382	2,240,022
19%	9,213	30,742	82,117	204,715	497,278	1,195,438	2,861,493
20%	9,428	32,389	89,524	231,693	585,457	1,465,733	3,656,143
21%	9,647	34,130	97,631	262,336	689,539	1,797,594	4,671,602
22%	9,872	35,970	106,503	297,133	812,352	2,204,839	5,968,323
23%	10,103	37,914	116,210	336,639	957,212	2,704,316	7,622,946
24%	10,339	39,968	126,830	381,476	1,128,004	3,316,542	9,732,515
25%	10,581	42,139	138,445	432,350	1,329,277	4,066,480	12,419,759

복리에 따른 연 수익률 % 도표 : 연간 투자액 120만 원 _ 보도 섀퍼의《돈》에서

무지식을 모르는 사람들을 괴롭혔는지 생각하면, 이 표현도 약하다고 생각해) 원리를 모르는 사람들에게는 치명적일 정도로 인생을 망치는 선택을 하게 만들고, 아는 사람들에게는 그 부를 몇 배로 돌려줘.

알베르트 아인슈타인이 실제로 직접 한 말인지는 여전히 확인이 필요하겠지만 "인류 최고의 발명은 복리다. 복리야말로 우주에서 가장 강력한 힘이다"라는 말은 여전히 강력한 의미가 있어. 메시지는 명확해. '복리'가 인류 최고의 발명이라는 거지.

앞서 말한 두 가지 기본적인 지식만 정확하게 이해하고 있어도 주식 시장에서 충분히 안정적인 수익률을 낼 수 있다는 게 핵심이야.
보도 셰퍼는 《돈》에서 '주식 투자의 기본 규칙 10가지'를 이렇게 정리했어.

1. 증시는 호황과 불황이 반복된다.
2. 큰 이득을 보려면 최소 2년에서 5년 정도 돈을 주식에 묻어둘 마음을 가져야 한다.
3. 적어도 다섯 가지 이상의 다양한 주식을 매수하라.
4. 주식을 처분하고 난 뒤에 수익과 손해를 말하라.
5. 수익은 주가 상승과 배당금에서 나온다.
6. 주가 폭락도 좋은 면이 있다. 주식을 싸게 사들일 좋은 기회가 된다.
7. 사람들 말을 절대 듣지 마라.

8. 올바른 타이밍과 합리적인 근거가 중요하다. 감정을 앞세우는 사람은 게임에서 결코 이길 수 없다.

9. 투자할 돈은 사전에 마련해야 한다.

10. 주식은 항상 현금을 이긴다.

이 중 3번의 "적어도 다섯 가지 이상의 다양한 주식을 매수하라"에 대해 다음 장에서 내 의견을 말해줄게.

2) 안정적인 올웨더 포트폴리오식 투자 노하우

우리 같은 직장인들처럼 인플레이션을 이기기 위한 투자를 하는 사람들에게 가장 위험한 것은 무엇일까?

바로 '리스크'야. 내 기준에서 볼 때 개인 투자자의 입장에서 가장 의미 없는 말은 '위험을 대비'한다는 말인 것 같아. 리스크라는 말 자체가 "상상할 수 있는 모든 위험에 대비한 후에 남는 것"이라면, 우리는 애초에 리스크를 대비할 수 없어. 러시아와 우크라이나의 전쟁, 이스라엘과 하마스의 전쟁 발발을 알 수 없었듯이 말이야.

그렇다면 결론은 생각보다 쉽지. 수익을 낼 수 있을 때까지, 어디까지 위험을 '감수'할 수 있느냐가 성공적인 포트폴리오의 핵심이 되는 거야. 우리가 순진하게 생각하는 것이 투자의 귀재로 불리는 워렌 버핏이 코카콜라나 옥시덴탈 페트로늄 같은 주식을 단순히 가격이 쌀 때 사고 비쌀 때 팔아 수익을 내고 있다고 생각하지? 하지만 워렌 버핏은 그 위험하다는 선물이나 커버드 콜 같은 상품들에도 상황에 따라 투자해. 즉, 어떤 상황에서도 수익을 낼 수 있는 가능성 자체를 높여놓는 거야.

선물은 쉽게 말하면 미래 시점에서 특정 가격으로 주식을 사고 판다고 생각하면 돼. 내가 미래에 당근 한 상자가 1만 원이 될 것이라 기대하며 6개월 뒤 시점으로 계약을 하고, 6개월 뒤에 당근이 2만 원이 되면 남는 1만 원이 내 수익이 되는 거지. 문제는 만약 당근 가격이 폭락하게 되면, 그 모든 '손실'도 떠안는 거야.

2022년 러시아가 우크라이나를 침공할 당시, 우크라이나의 별명이 '유럽의 곡창'이라는 것을 아는 사람들은 밀 선물에 투자했어. 그리고 밀은 신고가를 찍으며 투자한 사람들에게 많은 돈을 벌게 해주었지. 반대로 2021년에 국제 유가가 폭락할 때, 유가에 선물 투자를 하고 있던 사람들은 천문학적인 손실을 입게 되었지.

현대의 가장 최고의 투자자를 뽑는다면 나는 '찰리 멍거' 또는 '레이 달리오'를 뽑을 것 같아. 20세기가 워렌 버핏이었다면 21세기는 레이 달리오라고 얘기하는 사람들이 많지. 레이 달리오의 책 중에 《변화하는 세계 질서》라는 책이 있지.
여기에 '올웨더All-Weather'라는 개념이 나와.
올웨더는 말 그대로 '사계절' 안정적으로 이어질 수 있는 포트폴리오를 말해. 그 원리는 서로 상관관계가 적거나 대비되는 동적 자산(채권, 주식, 금 등)을 '분산 투자'하여, 서로의 하락을 상쇄시키고 안정적인 수익을 얻도록 하는 것이지. 처음 레이 달리오가 올웨더 포트폴리오를 소개했을 때, 아래와 같은 기본 배분을 추천했어.

자산군	비중
미국 주식	30%
미국 장기채권	40%
미국 중기채권	15%
금	7.5%
원자재	7.5%

레이 달리오가 제시한 올웨더 기본 형태 _KB 자산운용

출처: www.kbam.co.kr

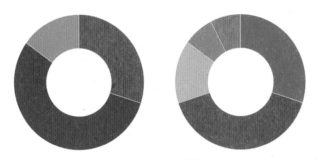

Asset Allocation & Recommended ETFs

Weight	Ticker	ETF Name	Sector
30%	SPY	SPDR S&P 500	Equity, U.S., Large Cap
40%	TLT	iShares 20+ Year Treasury Bond	Bond, U.S. Long-Term
15%	IEF	iShares 7-10 Year Treasury Bond	Bond, U.S., Intermediate-Term
7.5%	GLD	SPDR Gold Trust	Commodity, Gold
7.5%	DBC	Invesco DB Commodity Index Trac	Commodity, Blend

레이 달리오의 올웨더 포트폴리오 각 자산의 비율

출처: www.ofdollarsanddata.com

PART 5 자기계발

이렇게만 해도 연 수익률이 약 10% 정도 유지된다는 것이 레이 달리오의 주장이었지. 그런데 실제 수익률에서는 6~10%가 유지되었지만, 떨어질 수 있는 위험도(MDD)에서 20% 이상 하락했던 결과가 있었어. 그러니 이러한 내용을 토대로 자신만의 포트폴리오를 구성하는 것이 중요하다는 결론에 도달하게 돼.

재테크를 하면서 가장 많이 받는 질문이 "그래서 지금 어떤 주식이 좋아요?"였어. 그런데 이 질문은 가장 의미 없는 질문이야. 항상 이기는 승자도 늘 패하는 패자도 없는 것이, 세계 경제는 '순환'하기 때문이야.

어느 순간에는 기술주인 애플, 마이크로소프트, 메타, 테슬라 등이 올라갈 때가 있는 반면, 쇠퇴기에 들어서면 방어주로 알려진 제약, 필수 소비재, 생필품 등이 올라가지. 또한 아무리 좋은 주식을 알려준다 한들 '파는 시기'를 모르면 '산 시점'보다 훨씬 더 싸게 팔아야 해.

그렇기 때문에 나는 일단 두 가지를 공부하라고 하고 싶어.

1. 시장의 순환 사이클
2. 투자를 생각하는 개별 종목(회사)의 분석

그리고 내가 재테크에 쓸 수 있는 시간이 얼마나에 따라 투자 항목이 달라져야 하지.

1. 일주일에 최소 하루 1~2시간 이상 투자할 수 있다면 개별 종목의 투자를 고려

2. 일주일에 1~2시간밖에 낼 수 없다면 특정 지수를 추종하는 ETF에 투자

인터넷에서 테슬라 또는 엔비디아에 몇 억씩 투자해서 몇 십억을 벌었다고 인터뷰한 뉴스들이 많이 나오지? 그건 복권하고 비슷하다고 생각하면 돼. 그리고 그 행복한 인터뷰 뒤에는 그림자 속에서 울고 있는 9,999,999명의 투자자들이 있어.

지금 우리가 살펴보고자 하는 것은 '안정적인 시스템'을 만들어내는 투자 구조야. 여기서의 핵심은 내가 투자하고 있는 포트폴리오의 역사적인 '최대 낙폭MDD_Max Drawdown'이 얼마나 되는가가 중요한 거야. 쉽게 말해 아무리 떨어지더라도 지난 100년 간 10% 이상 떨어진 적이 없는 주식이 있다면, '아마도' 앞으로 내가 투자하는 30년 동안은 10% 이상 떨어질 확률이 적을 거야. 물론 이 모든 것들은 단순히 '이론적인' 관점이지.

그렇다면 내가 구성하는 포트폴리오의 '자산 배분Asset Allocation'은 이러한 최대 낙폭MDD을 기준으로 '내가 감당할 수 있는 손실'까지 세팅해두어야 해. 워렌 버핏이 말했듯, 중요한 것은 단기간에 많은 수익을 내는 것이 아니라 '잃지 않는' 투자를 해야 된다는 부분이야.

수익은 두 번째야.

최대 낙폭을 시간적으로 추적해보려면 www.portfoliovisualizer.
com의 '백테스트 포트폴리오Backtest Portfolio'를 클릭하면 돼. 책이 나
오는 현 시점으로 메인 메뉴 두 번째 칸에 있어.

내가 원하는 구체적인 연도, 내 투자금(시드머니), 세부 종목 및 각
투자 %를 넣고 '시뮬레이트Simulate'를 눌러보면, 지난 특정 기간 동안
해당 포트폴리오가 얼마까지 떨어졌고MDD, 어느 해가 가장 좋지 않
았으며Worst Year, 평균적으로 얼마의 수익을 냈는지Average Return를 알
수 있어. 이 정보를 토대로 나만의 포트폴리오를 짜는 거야.

Portfoliovisualizer.com에서 시뮬레이션

"지금 당장 코카콜라에 투자해! 워렌 버핏도 투자했잖아!"
그래? 그럼 백테스트 포트폴리오로 돌려봐. 그리고 같은 기간에
내 피 같은 시드머니로 다른 주식을 투자했을 때도 살펴봐. MDD와

수익률에 있어서 가장 좋은 포트폴리오를 선택할 수 있을 거야.

ETF는 여러 종목들을 함께 짠 '종합 패키지' 같은 구성으로 되어 있어. 물론 그 ETF 내에 어떤 종목이 들어 있는지는 이 책을 읽으며 확인 안 할 사람은 없을 거라고 봐. 일반적으로 변화가 심한 '성장주'에 비해 ETF의 경우는 상대적으로 추락하는 위험도가 약간 더 낮은 편이야. 물론 수익도 여러 종목이 합산되기 때문에 희석되는 경우도 많아. 그러니 동일하게 백테스트해보기를 추천해.

만약 이도 저도 싫다면 워렌 버핏이 2013년에 아내에게 남긴 유언을 그대로 따라하는 것도 한 가지 방법이야. "내가 죽으면 재산의 90%는 S&P500 인덱스 펀드에, 나머지 10%는 미국 국채에 투자하라."

개인적으로 이 부분을 백테스트해봤더니 이런 결과가 나왔어.

워렌 버핏의 유언을 따라한 포트폴리오를 20년 간 백테스트했을 경우

만약 2004년부터 올해까지 20년을 투자했다고 하면, 10,000달러(2024년 4월 기준 약 13,512,000원)는 4.3배가 조금 넘는 43,730달러(2024년 4월 기준 약 59,090,000원)가 되어 있을 거야. 그렇지만 내 자산이 4배가 되었다고 좋아하기는 일러.

가장 좋은 연도의 수익률은 29.07%, 가장 나쁜 연도의 수익률은 -32.97%이거든. 우리가 궁금해하는 '최대 낙폭'이 무려 -43.86%이지. 추가적으로 실제 해당 포트폴리오로 백테스트해보면 매년 발생한 수익률에 대한 정보도 볼 수 있어.

워렌 버핏의 유언을 따라한 포트폴리오를 20년 간 백테스트했을 경우의 매년 수익 통계

금융 위기가 있던 2008년에는 -32.97%, 2022년에는 -16.21%의 손실이 생겼어. 마찬가지로 2011년, 2015년, 2018년은 매우 미미하거나 심지어 약간의 손실을 보는 수익률을 보였어.

투자를 아예 모르는 아내를 위해 가장 안정적인 투자를 유언으로 썼던 워렌 버핏의 일생일대의 전략조차도, 상황에 따라 포트폴리오 가 '반토막'까지 떨어지는 것을 각오해야 한다는 말이야.

그렇지만 만약 여러 포트폴리오의 종합을 통해 이러한 최대 낙폭을 10~20% 이하로 줄일 수 있다면, 상대적으로 오래 투자할 시스템을 만드는 우리 같은 투자자는 덜 마음 졸일 수 있겠지.

한 가지 더 유용한 정보를 말하자면 '정치와 경제'는 떼놓을 수 없어. 누가 미국 대통령이 되고 어떤 법안이 발제되는가에 따라 포트폴리오는 정기적으로 조율이 필요할 수 있어.

이를 '리밸런싱 Rebalancing'이라고 해. 리밸런싱 또한 개인의 투자 성향에 따라 천차만별이지만, 개인적으로 시간을 많이 낼 수 없다면 6개월~1년에 한 번 정도가 일반적이라고 생각해.

물론 이미 안정적으로 수익을 내고 있고 리스크 관리가 되고 있다면 특별히 리밸런싱을 할 이유는 없어. 매년 얼마 정도 수익률을 내면 좋을지는 개인의 선택이지만 한 가지 지표를 보여줄게. 1965년 ~2022년까지 58년 동안 워렌 버핏의 회사 버크셔 해서웨이는 연평균 수익률 19.8%를 기록했어.

앞서 워렌 버핏의 유언에 가깝게 S&P 500 지수에만 투자했을 때의 수익률은 9.9%야. 즉, 연평균 20%만 달성할 수 있어도 워렌 버핏보다 더 나은 수익을 낸다는 말이야. 물론 전문 펀드 매니저들은 익히 알고 있듯이 엄청나게 어려운 부분이지만 말이야.

나는 개인적으로 **연평균 10~15%의 수익률**을 지향해. 만약 내게 매년 10%의 수익률이 생긴다고 하면, 1천만 원을 투자했을 때 10년 뒤의 내 수익률은 112.78%가 되어서 21,277,722원의 자산이 돼. 여기서 '복리의 마법'이 생겨.

그 상태로 15년 후에 210.38% 수익을 얻어서 31,037,569원의 자산이 예상되고, 20년 후가 되면 352.74% 수익을 얻어서 45,274,146원의 자산이 되는 거야. 처음 두 배가 되기까지 걸린 시간이 10년인데, 다음 두 배가 되기까지 걸리는 시간은 5년이야. 그리고 그다음 두 배는 2.5년이지. 내가 몸이 건강하기만 하다면 복리는 30년 후 863.33%의 수익을 얻어 96,333,070원의 자산이 되는 거야.

이제 왜 조금이라도 젊을 때 '금융지식'을 알아야 하는지 알겠지?

3) 로버트 기요사키가 말하는 '부자 아빠, 가난한 아빠' 투자법

이제부터는 정말 실전이야.

나를 금융지식에 처음 눈뜨게 만든 것이 《부자아빠, 가난한 아빠》라는 책이었다고 말했지? 그 책에서 부자 아버지가 말했던 첫 번째 교훈은 "가난한 사람들과 중산층은 돈을 위해 일한다. 부자들은 돈이 자신을 위해 일하게 만든다"라는 내용이었어.

이는 크게 보면 "현금 흐름을 창출하는 자산을 구입하거나 구축하면, 돈이 당신을 위해 일하게 된다"라는 뜻이야.

"돈이란 건 평생 동안 배우고 공부해야 해." 이제 금융지식은 세계 경제에서 생존하는 필수 수단이 되었어.

자, 다시 원점으로 돌아와서 내가 말해주고 싶은 것은 우리의 시작점이야. 바로 '시드머니'지. 기본적으로 최소 1억을 자산으로 움직일 수 있어야 자동시스템을 이룰 수 있어. 그 이유를 보여줄게.

내가 만약 1만 달러를 고성장 기술 ETF주인 QQQ에 지난 10년간 투자했다면, 내 자산은 이론적으로 약 5.5배 정도 늘어나 있을 거야.

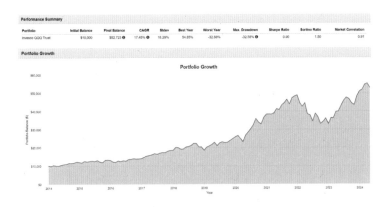

QQQ 100% ETF 포트폴리오를 10년 간 백테스트했을 경우

물론 그 기간 동안 코로나, 금융 위기, 조정장 등 다양한 위험도

함께 존재했겠지. 그리고 10년 간의 긴 인내를 통해 얻어낸 결과는 1천3백만 원이 약 7천5백만 원으로 자산이 늘어난 거지. 그렇지만 여전히 나는 돈을 위해 어쩔 수 없이 원하지 않는 일들도 해야 해.

그런데 만약 이 금액 뒤에 0이 하나 더 붙었다면 어떤 결과가 될까? 1억3천만 원을 투자했다면 같은 시간, 같은 노력으로 약 7억 5천만 원이 되어 있겠지. 최소한 내가 소득으로 벌 수 있는 구간과 더불어 60대 이후를 준비할 수 있는 최소한의 금액인 10억에 그나마 가까워졌겠지. 부동산이나 환차익을 생각하더라도 기본적으로 1억은 가장 최소의 금액이라고 생각해.

그렇다면 그 금액을 일단 근로소득으로 얼마나 빠르게 모을 수 있느냐가 체스보드 같은 세상에서 가장 첫 번째로 해야 할 일이야. 그래서 앞에서 설명했던 것처럼 더 빠르게, 더 최선을 다해, 더 올바른 방법으로 고소득 연봉의 반열에 올라갈 수 있다면 시드머니를 '확보한 시간만큼의 복리'를 더 누릴 수 있는 거야.

일과 경제적 성공은 이 연결고리를 통해 서로 연결되는 거지. 그리고 복리는 일단 평균 6~7년째 구간으로 알려진 크리티컬 에이지 Critical Age라고 하는, 단리와 더 이상 되돌릴 수 없을 정도로 불가역적인 차이가 벌어지는 순간, 1년 1년의 차이는 결과로 얻는 목돈에서 큰 차이를 보이게 돼.

일본에 '버핏타로'라는 예명을 쓰는 투자자가 있어.

2019년에 그가 쓴 《미국 배당주 투자》라는 책은 20만 부 넘게 팔렸어. 그는 평범한 직장인이던 20대부터 이러한 복리의 원리를 적용한 투자를 해서 41세인 현 시점에 약 6억 엔(약 53억 원)의 부자가 되었다고 우리나라 어느 매체와 인터뷰했지.

"20년 넘게 매년 증배하는 미국의 고배당 우량주를 8~10개 골라 투자하고, 매년 들어오는 배당을 꾸준히 재투자하면 복리 효과로 원금이 저절로 불어난다." _〈조선일보〉, 2024. 5. 1

심지어 그가 배당주 10개 종목에 10%의 균등한 비중으로 나눠 투자했던 종목들은 이미 공개적으로 정보가 다 나와 있을 지경이야.

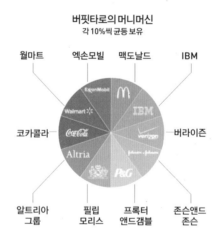

버핏타로의 머니머신
각 10%씩 균등 보유

월마트　엑손모빌　맥도날드　IBM

버라이즌

코카콜라

알트리아 그룹　필립 모리스　프록터 앤드갬블　존슨앤드 존슨

버핏타로의 머니 머신(보유 주식 목록)
출처: www.chosun.com

물론 지속적으로 계속 고정적인 투자를 한다면 당연히 버핏타로 같은 수익률이 되겠지. 그렇지만 나는 두 가지 전략을 추천해. 만약 내가 '복리를 벌 수 있는 충분한 시간'과 확보된 '시드머니', '고정적인 수입'이 있다면 버핏타로처럼 '기계적으로 거치'하는 것으로도 장기적으로 충분히 안정적인 수입을 얻을 수 있어.

그렇지만 나는 솔직히 말하면 오토보다 수동으로 운전하는 자동차를 더 추천해.

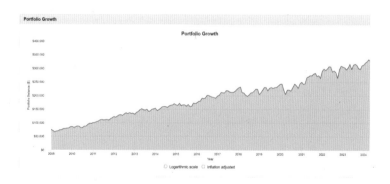

버핏타로의 머니 머신 포트폴리오를 15년간 백테스트했을 경우

때에 따라 클러치를 직접 밟으면서 자산에 대한 조정을 할 수 있는 지식을 배울 용기와 시간이 있다면, 여기서 한 단계 더 발전된 형태의 최소한의 필수 정보인 ETF, MDD, RSI, Greed & Fear의 아주 기본적인 4가지 지표를 통해, 조금 더 자산을 배분하면서 투자할 수 있겠지.

첫 번째로 ETF의 경우, 정말 초등학생도 이해할 수 있게 네 가지 대표 ETF를 설명해볼게.

- QQQ: 테슬라, 애플, 엔비디아, 마이크로소프트 같은 기업들을 모아놓은, 변동성 높고 수익도 높은 ETF.
- SPY: 미국의 주요 성장 기업 500개를 모아놓은, 미국 전체에 투자한다고 생각해도 좋을 ETF.
- DIA: 미국의 주요 산업들을 모아놓은 월마다 배당을 주는 ETF.
- SCHD: 높은 배당을 주는 미국의 주식을 모아놓은, 추가로 지난 10년간 지속적으로 배당금 인상을 진행해온 ETF.

대표적인 고성장 배당주 ETF인 SCHD가 처음 만들어진 시점부터 지금까지 약 12년 정도를 보면, 이론적으로 다음과 같은 각각의 수익률을 기대할 수 있어.

Portfolio	Initial Balance	Final Balance	CAGR	Stdev	Best Year	Worst Year	Max. Drawdown	Sharpe Ratio	Sortino Ratio	Market Correlation
Invesco QQQ Trust	$74,167	$631,072 ❶	18.96% ❶	17.48%	54.85%	-32.58%	-32.58% ❶	1.02	1.72	0.91
SPDR Dow Jones Industrial Avrg ETF Tr	$74,167	$300,361 ❶	12.01% ❶	14.35%	29.64%	-7.01%	-22.61% ❶	0.78	1.25	0.95
Schwab US Dividend Equity ETF	$74,167	$318,641 ❶	12.55% ❶	13.77%	32.89%	-5.56%	-21.54% ❶	0.84	1.39	0.91
Vanguard 500 Index Investor	$74,167	$369,771 ❶	13.91% ❶	14.36%	32.18%	-18.23%	-23.95% ❶	0.90	1.42	1.00

백테스트로 본 SPY, QQQ, DIA, SCHD의 12년 간 수익률

결과적으로 QQQ는 1억이 약 8억5천만 원, DIA는 4억5백만 원, SCHD는 약 4억3천만 원, SPY는 약 4억9천만 원이 되었어.

여기에서 확인해야 하는 것은 이전에 소개했던 최대 낙폭(MDD)이야. 물론 하이 리스크 하이 리턴인 QQQ가 가장 크게 자산이 늘었지만, 반대로 MDD를 보면 최대 손실을 볼 수 있는 낙폭이 '-32.58%'야. 내 돈 1억이 6천6백만 원이 되는 순간을 투자 기간 동안 몇 번이나 경험할지 몰라.

과연 그 돈이 내가 가진 전부라면 그렇게 투자할 수 있을까?

그렇기 때문에 당연히 투자는 내가 가진 '여유자산'으로 진행해야 해. 또한 최대의 효율을 위해 일단 넣어두고 잊어버릴 수 있는 '단단한 멘탈'도 필요해.

이제부터 투자 효율성을 높이는 시도를 해볼까.

먼저 두 개를 한번 섞어보자. 하이 리스크지만 수익률이 높은 QQQ와 조금 수익률은 낮지만 MDD가 작은 SPY를 50:50%로 섞는다면, 동일한 투자 기간에서 이론적으로 이런 결과가 나올 거야.

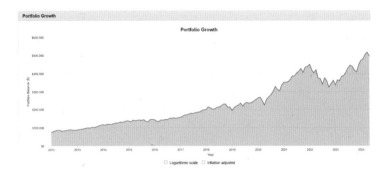

SPY, QQQ를 50:50% 비율로 12년 간 투자하였을 경우

12년 동안 1억이 약 6억6천만 원이 되었어. 그리고 MDD도 조금 줄어 -28.21%의 최대 낙폭을 예상할 수 있어. 그래도 위험부담이 여전히 높아. 그렇다면 위험자산인 QQQ의 비중을 작게 조정해보면 어떨까?

QQQ, SPY를 20:80으로 백테스트해본 결과야.

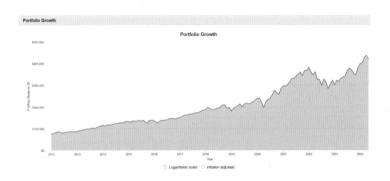

QQQ, SPY를 20:80% 비율로 12년간 백테스트하였을 경우

12년 동안 시드머니 1억은 약 5억6천만 원이 되었고, 이제 리스크는 이론적으로 최대 25%까지만 떨어지는 것으로 바뀌었어. 이제 어떻게 나머지를 조정해야 할지 알겠지?

참고로 여기서 배당을 조금 더 얻고 싶다면 배당주 ETF인 SCHD를 더 추가해도 좋고, 충분히 모험을 해봐도 좋을 성장이 예상되는 주식이 있다면 함께 더해서 포트폴리오를 구성하면 돼.

그런데 나는 욕심이 많기도 하지만 손해보면서 물건을 사는 건 딱 질색이야. 내가 사는 주식이 이미 높은 가격대를 형성하고 있다면 어떨까? 더 비싼 가격을 주고 1주를 사게 되는 격이지.

그럴 때에 필요한 좋은 주식을 싸게 사는 가장 좋은 방법은 워렌 버핏이 말했듯 "공포에 사고, 환희에 파는 것"이야. 그리고 그 시장의 공포를 가장 잘 측정하는 것은 앞서 말했던 Fear & Greed Index, RSI, Shiller PE 지수 등이지.

다시 한번 말하지만 정말 전문적으로 투자를 진행하고 싶다면 당연히 그에 맞게 공부해야 해. 하지만 만약 내가 일주일이나 한 달에 한 번 주식창 보기도 어려운 상황이라면? 답은 간단해.

뉴스에서 갑자기 환율이 높아졌거나, 유가가 치솟거나, 전쟁이 일어나거나, 코로나-19 같은 유행성 감염병이 연일 보도되면, 가장 먼저 'Fear & Greed Index'를 보면서 해당 지표가 'Extreme Fear'로 떨어지는 25 이하의 상황이 올 때까지, 지속적으로 수익의 여유자본 일부를 조금씩 바꿔서 투자비용을 준비해두는 거야. 환율이 낮을 때 하면 더욱 좋지.

다음으로 확인해야 하는 것은 QQQ, SPY, DIA, SCHD 등 본인의 포트폴리오를 늘릴 주식의 RSI Index(상대 강도 지수)를 보는 거야. 상대 강도 지수는 쉽게 설명하면 "주식이 일정 기간 동안 얼마나 구매되고, 팔리고 있는지"를 보여주는 지수야.

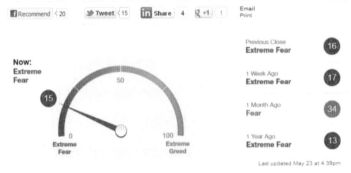

공포와 탐욕 지수
출처: talkingbiznews.com

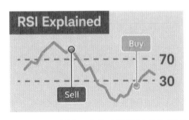

상대 강도 지수(RSI)에 따른 주식 매수 전략
출처 : www.schwab.com

보통 '70 이상'이 되면 본래의 가치보다 더 많은 사람들이 매수해서 가격이 오른 상태인 '과매수' 상태로 보고, '30 이하'일 경우 본래의 가치보다 더 많은 사람들이 매도한 상태인 '과매도'라고 정의해. 이 현상이 일어나는 가장 큰 이유는 '걱정과 불안'을 가진 투자자들이 유기적으로 주식을 사고 팔기 때문이야.

예컨대 당장 우크라이나에 전쟁이 일어나서 전체 시장의 주식들이 떨어지고 있으면, 당연히 '원금 손실'을 보지 않기 위해 많은 투자자들이 주식을 팔게 돼. 그렇게 되면 주식의 가격은 낮아지게 되고, RSI 지수 또한 함께 떨어지게 되지.

사람의 심리라는 것이 소위 방어기제인 'FOMO(Fear of Missing Out)'가 작용하게 되기 때문에 매도 분위기가 대세이면 처음에는 팔고 싶지 않았던 사람들조차도 점점 파는 방향으로 바뀌게 돼.

이를 '셀아웃Sell-out' 또는 '패닉 셀Panic Sell'이라고 불러.

따라서 우리처럼 한번 사서 장기간 묵혀두었다가 수익을 얻는 투자자들의 입장에서는 Fear & Greed Index의 '극한 공포Extreme Fear' 또는 '공포Fear' 구간에서 RSI지수가 30 이하인 상태가 되었을 때, 애플, 테슬라, 엔비디아, 팔란티어 같은 대형 우량주 또는 SPY, QQQ ETF를 매수하는 것만으로도 안전하게 수익을 볼 수 있는 확률이 훨씬 높아지게 되겠지.

4) 자유 현금 흐름을 유지하는 가장 쉬운 방법 – 자산 배분

개인적으로 '투자의 귀재'는 워렌 버핏이 아니라고 생각해.

역사적으로 보면 우리가 잘 아는 힐러리 클린턴은 1978~1979년에 그 위험하다는 살아 있는 '소의 선물Cattle Futures'에 1,000달러를 투자해서 1년 뒤에 100,000달러로 100배의 수익을 냈어.

이미 투자계에서 유명한 미국 전 하원의장 낸시 펠로시는 의회 내에서도 10명 안에 들어가는 부자였지. 그가 투자한 것이 얼마나 수익률이 좋았으면, 2023년 4월에 낸시 펠로시와 그 가족들이 투자하는 종목 전체를 추종하는 상장지수펀드(ETF)가 출시되었을 정도야. 펀드의 이름도 'NANC'로, 낸시 펠로시의 이름을 땄지.

NANC ETF가 발매된 시점에서 분석 시점(2024년 3월 기준)까지 백테스트하였을 경우

1년 동안에 약 12.99%로 성장했고 '최대 낙폭(MDD)' 또한 낮은 편이야. QQQ 및 SPY와 같은 대표 시장 지수에 비해 아직까지 그 정도로 크게 떨어진 적이 없거든.

무엇을 말하려는지 알아? 우리가 시장을 움직이는 '큰 손'들이 아닌 다음에는, 성공한 사람들의 포트폴리오를 참고하는 것도 매우 중요하다는 말을 하는 거야.

미국의 3대 투자자가 있어.

우리가 잘 아는 '워렌 버핏, 조지 소로스, 짐 로저스'지. 만약 우리가 이 전설적인 투자자들의 포트폴리오를 볼 수 있다면 어떨까? 다행히도 미국은 Form 13(F13)이라는 제도가 있어.

쉽게 말하면 운용 자산 규모가 1억 달러가 넘는 기관 투자자는 의무적으로 내가 어떤 포트폴리오에 투자했는지 공시 자료를 SEC 미국 증권거래소에 제출해야 하지. F13은 매 분기 시작 이후 45일 이내에 공개하기 때문에, 1년에 총 4번 전문 기관들의 투자 포트폴리오 현황을 볼 수 있어(www.whalewisdom.com).

거기에서 워렌 버핏의 '버크셔 해서웨이Berkshire Hatherway'든, 레이 달리오의 '워터브릿지 어소시에이츠Waterbridge Associates'든 우리가 보고 싶은 기관이 어떤 주식을 어느 시점에, 얼마에 매수했는지 알 수 있지. 물론 해당 정보는 어디까지나 참고용이야. 매 분기 이후 45일 이내에 공개되기 때문에 해당 정보가 '내가' 사야 하는 시점이나 팔아야 하는 시점을 정확히 가르쳐주지는 않기 때문이지.

추가적으로 www.gurufocus.com이라는 웹사이트를 활용하면 그들이 최근 어떤 종목에 투자하고 있는지, 얼마의 비중을 유지하고 있는지도 부가적으로 알 수 있어. 그분들도 속으로는 '나만 알고 싶은 정보'였을 텐데 말이야.

이 모든 것들은 반드시 내가 어느 정도의 '현금'을 보유하고 있을 때에 가능한 일이야.

이러한 정보를 충분히 이용하려면, 나는 개인적으로 반드시 10~20%의 자산은 '현금'으로 가지고 있어야 한다고 생각해. 천재지변은 언제든 일어날 수 있어. 그게 전쟁이든 전염병이든. 그때를 위해 '비상 투자'가 가능한 내 '총알'을 최대한 상시 비축해놓는 게 지혜로운 일이야.

그래서 내 자산의 흐름은 이렇게 되는 거지.

- 60%의 포트폴리오 투자: 수익률 10%~15% 목표, MDD 10%~20% 미만 목표.
- 20%의 채권 투자: BIL, TLT, TLTW 등 안정적 미국 국채(워렌 버핏의 유언에 따라).
- 20%의 현금성 자산: 달러, 원, 금, 비트코인 등에 투자.

이렇게 두면 주식에 100% 투자하는 것보다는 상대적으로 덜 위험할 뿐더러, 100% 예금으로 가지고 있는 것보다 수익률에서는 훨씬 안정적이 될 거라고 생각해.

개인적으로 이러한 자산 배분을 할 때 가장 기본적으로 쓰이는 지표가 바로 '샤프 지수Sharpe Ratio or Sharp Index'야.

1966년에 윌리엄 샤프 교수가 개발한 투자평가지표인데, 쉽게 말해 '포트폴리오의 변동성 대비 수익'을 나타내는 지표야. 즉, 상관 관계가 낮을수록 위험도도 분산되기 때문에 약한 상관 관계를 가지는 주식, 채권, 현금성 자산을 고르게 분배할수록 전쟁이나 코로나 같은 돌발 상황에서도 최대한 내 자산을 '지킬 수' 있어.

나는 최근에는 커버드 콜Covered call에서 높은 배당금과 프리미엄을 제공하는 JEPQ, GPIX, GPIQ 같은 월배당 ETF도 관심 있게 보고 있어. 이러한 상품은 상승장에서는 SPY, QQQ ETF 대비 수익률이 작을 수 있지만 이론적으로 하락장에서 방어율이 더 좋을 것으로 생각되고, 횡보장에서 수익률이 가장 좋을 것으로 기대하고 있거든.

그리고 여기서부터는 순전히 추가적인 정보이지만, 보통 주식 투자를 할 때 '현재 시장이 얼마나 높은 가격대에 형성'되어 있는지 궁금할 거라고 생각돼. 이때 참고하면 좋은 지표 중 하나가 '실러 지수Shiller P/E Ratio'야. 실러 지수는 다른 말로 'CAPE 지수Cyclically Adjusted PE Ratio'라고 불리는데, 시장의 비효율성에 대한 연구로 노벨상을 받은 로버트 J. 실러 교수가 고안한 지표야.

이 지표가 중요한 이유는 현재 수익을 내고 있는 500개의 S&P 기업들의 통계를 바탕으로 '현재의 증시가 저평가되고 있는지, 또는 고평가되고 있는지'를 알 수 있기 때문이야. 즉 실러 지수는 '주식 시장의 현 가치평가'를 보여주는 지표인 거야.

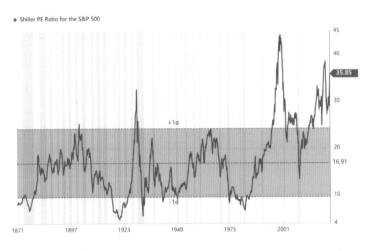

실러 지수에 의한 주식 시장의 가치평가
출처: www.gurufocus.com

위의 표는 1871년부터 올해 2025년 2월, 지난 달까지 실러 지수 트렌드를 보여주는 자료야. 보는 것처럼 현재 실러 P/E 지수는 2월 14일 기준으로 38.45로 역대 지표에서 세 번째로 높게 형성되어 있어. 반대로 생각하면 2~3년 전에 투자한 우량기업들의 주식을 현재까지 잘 보유하고 있다면 지금 수익을 내고 있을 가능성이 높다는 뜻으로 해석할 수도 있는 거야.

그렇지만 실러 P/E 지수가 가장 유용하게 쓰이는 것은 바로 시장이 '추세 전환'을 할 때야. 높게 형성된 시장 가격이 평균선 아래로 떨어졌을 때, 소위 말하는 '바닥'에 더 가깝다는 것을 트렌드를 통해 알 수 있기 때문이지. 물론 그 외에도 다른 수많은 지표들을 통해 종합적으로 시장 추세를 판단해야 하는 것은 당연해.

다음으로 그 유명한 '공포와 탐욕 지수Fear and Greed Index'를 다시 한 번 강조하고 싶어. 구글에 CNN Fear and Greed Index라고 입력하면 매일의 시장 공포 지수를 무료로 확인할 수 있어. 참고로 2020년 코로나에서의 공포 탐욕 지수는 거의 15~20에 머물러 있었으니, 돌이켜보면 그때가 좋은 주식에 투자하기에 가장 좋은 시기였다는 것은 말할 나위 없지.

결국 세상이 움직이는 원리는 '사람들의 심리'와 '통계'가 만들어내는 하나의 거대한 '트렌드'야.

PART 6 더 퀴닝 자아실현

경제적 자유를 이룬 당신은
무엇을 할 것인가?

성공한 직장인이 될 만큼 몸값을 끌어올리고
나만의 안정적인 패시브 자금관리 시스템을 만든 뒤

나에게는 새로운 목표가 생겼지.

누군가의 삶에 긍정적인 영향을 줄 수 있는 멘토가 되는 것.

지금까지 함께 나누었던 경험들을 통해 안정적인 수입 구조의 시스템을 만들었다면, 이제 제2장에서 언급했던 '하와이'로 다시 돌아가볼까.

　당신은 이제 하와이의 고급 호텔에 투숙하여 고급한 맛집과 아름다운 풍경들을 마음껏 누리고 있지. 그런데 시간이 지날수록 감동과 흥분의 강도가 점점 옅어지는 것을 느끼게 돼. 분명 첫날 해변에 왔을 때는 너무나도 행복하고 드디어 내가 성공했구나 싶었는데, 이상하게 갈수록 기분이 가라앉지. 왜 그럴까.
　'혼자'였던 거야.

　아무리 열심히 일해서 재테크에 성공했어도 나의 성공을 '진정으로' 함께 나눌 수 있는 사람이 없다면, 그 삶은 '실패'한 거야. 혼자만의 행복은 때론 견딜 수 없는 외로움이거든.
　어느 순간 살면서 절대 잃어버려서는 안 되는 '사람'을, 하나의 폰으로서 전진하는 동안 긴 여정의 어딘가에 놓고 왔을 수도 있어.

　그게 바로 '성공한 실패자'야. 그리고 그 시간은 다시 되돌릴 수 없어. 뉴스를 보다 보면 지금도 수많은 성공한 실패자들의 감춰진 진정한 표정을 엿볼 수 있지.

나는 개인적으로 우리의 삶은 '거대한 바다'를 건너는 것이라 생각해. 높은 파도를 수없이, 끝없이 넘으며 혼신의 힘을 다해 노를 저어 나아가는 거지. 그 끝없는 항해는 절대 혼자서는 할 수 없어. 그중 가장 중요한 사람은 단연 '가족'이야.

'대체 불가능한Irreplaceable.'

우리의 성공 뒤에는 눈에 보이지 않는 곳에서 든든하게 우리를 지지해주고 있는 사랑하는 가족들이 있어. 우리의 가족은 아무런 대가 없이 그저 묵묵하게 오늘의 내가 조금 더 행복하기를 바라는 마음으로 반복적인 일상을 견뎌내. 어쩌면 우리보다 더 힘든 일상을 이겨내고 있는 거지. 그리고, 그런 가족이 있는 사람은 결코 실패하지 않아.

세상에서 가장 불행한 사람은 돈을 버는 목적을 잃어버린 사람이야. 경제적인 자유를 얻으려는 노력과 더불어 그 성공을 함께 나눌수 있는 사람들이 꼭 있어야 해.

이 장은 이제까지 소개했던 모든 내용 중에서 가장 중요한 핵심이야.

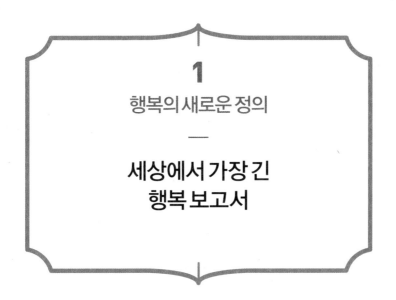

1

행복의 새로운 정의

—

세상에서 가장 긴
행복 보고서

행복에 관해 세상에서 가장 긴 시간 동안 연구한 논문이 있어. 로버트 월딩거와 마크 슐츠의 《세상에서 가장 긴 행복 탐구 보고서》가 바로 그 책이야. 하버드 성인 발달 연구소는 75년 동안 남성 724명의 삶을 매년 추적 관찰했어. 그들의 일과 생활, 건강, 가정 등 삶의 다양한 부분들을 질문하고 기록해서 분석했지.

이 연구는 1938년부터 보스턴의 가장 가난한 지역 소년들의 삶을 관찰하는 것으로 시작되었어. 제2차세계대전 참전 전역 후, 다양한 직업을 갖고 살아가는 그들의 생활습관을 추적했지. 인터뷰와 설문, 의료기록, 심지어는 그들의 배우자, 자녀들과 대화를 나누며 그 사람의 생애가 어떠했는지 표준화된 결과로 보고했지.

75년이 넘는 이 연구를 통해 연구진이 도출해낸 메시지는 우리가 추구해야 할 '퀸'의 모습과 가장 비슷해. 행복 탐구 연구진은 그들의 연구 분석 결과를 대략적으로 이렇게 발표했어.

1. 좋은 관계는 우리를 더욱 행복하고 건강하게 해준다.
   ◆ 사회적 관계는 매우 중요하며 외로움은 우리를 죽인다.
   ◆ 가족, 친구, 커뮤니티와 더 많이 연결된 사람들은 그렇지 않은 사람들보다 더 행복하고 건강하게 오래 산다.
   ◆ 다른 사람들과 고립되어 외로움을 느끼는 사람은 그렇지 않은 사람에 비해 행복감이 떨어질 뿐만 아니라, 중년 초기에 건강이 악화되어 뇌의 기능이 더 빠르게 저하된다(미국인 중 1/5이 외로움을 느낀다고 응답했다).
2. 따뜻하고 좋은 관계 속에서 사는 것이 건강에 좋았다.
   ◆ 가족, 친구 등 얼마나 '헌신적인 관계'가 있는가에 따라 건강이 결정되었다.
   ◆ 친밀하고 좋은 관계는 나이가 가져오는 여러 가지 어려움을 완충해주는 효과가 있었다.
3. 좋은 인간관계는 우리 신체뿐 아니라 뇌도 보호한다.
   ◆ 80대에도 사람들과 안정적으로 애착관계를 유지한 경우, 기억이 더 선명하게 남아 있었다.
4. 은퇴 후 가장 행복했던 사람들은 옛 직장 동료들과 좋은 관계를 유지하기 위해 적극적으로 노력한 사람들이었다.

5. 그리고 그런 관계를 잘 유지하는 사람들은 가족, 친구, 공동체와의 관계도 좋은 사람들이었다.
6. 마크 트웨인의 명언인 "인생은 너무 짧다. 오직 사랑할 시간만 있을 뿐이다. 이 또한 순식간에 지나가버리기 때문이다"라는 말이 연구의 핵심적인 결과를 뒷받침한다.
7. 좋은 삶은 좋은 관계로 만들어진다.

개인적으로 소득 구간이 2억에서 3억으로 바뀌었을 때 순간적으로 행복했던 적이 있었어. 그리고 그 이후부터는 몇 천만 원이 더 늘어도 그다지 실감나지 않았어. 물론 더 행복해지지도 않았지.

그렇지만 내 일에서 궁극적으로 자유로움을 배우고, 내가 원할 때 언제든지 가족들과 시간을 보낼 수 있는 것은 지금도 내가 자랑스러워하는 부분이야. 내게 가장 큰 만족감을 주었어.

우리에게는 돈을 버는 '목적'이 있어야 해.

그것이 특정 인물을 위한 것이든, 나의 존재를 위한 것이든, 내가 지금 키우고 있는 작은 몰티즈 강아지를 위한 것이든, 분명한 목적이 마음속에 늘 있어야 해. 그리고 그 가치를 방해하는 모든 것들은 기본적으로 내가 싸워나가야 할 대상이야.

내 가치는 크게 다음의 세 가지였어.

1. 성공한 직장인이 될 만큼 내 몸값을 끊임없이 끌어올린다.

2. 물가 상승을 이길 수 있는 패시브 자금관리 시스템을 만든다.

3. 내가 원할 때 가족을 위해 시간을 낼 수 있는 자유를 만든다.

이 세 가지를 다 이루고 나서, 이제 내가 바라는 새로운 가치가 하나 더 생겼어.

4. 누군가의 삶에 긍정적인 큰 영향을 줄 수 있는 멘토가 된다.

그리고 4번 항목은 지금 다양한 강의를 통해 이루어나가고 있지.

행복의 시나리오는 사람과 상황에 따라 수백 가지야. 그렇지만 내 생각에 위의 기본적인 세 가지 테크트리가 완성되지 않는다면, 다음 단계로서의 자아충족은 어려워. 우리의 한정된 시간과 자원은 경제적으로 안정을 이루고 난 뒤부터, 그때부터 가장 중요한 실전이 되는 것이거든.

세상에서 가장 긴 행복보고서는 명확한 메시지를 우리에게 건네고 있어.

"행복을 정의하라."

이제 우리는 단순히 우리의 시간을 내주고 돈을 버는 기능적 존재가 아닌, 우리가 사랑하는 누군가의 행복한 미소를 위해 주도적으로 우리 삶을 만들어나가는 존재가 되어야 하는 거야.

2
이대욱의 행복의 정의

백만 번 다시 태어나도
나는 이 아이들을 낳고 키울 거야

연말에 이틀 간 중요한 희귀유전질환 학회가 있었어.

공교롭게도 아들이 새벽에 기침이 너무 심해서 급하게 집 앞 소아과에 갔지. 대기자가 너무 많아서 회사의 스텝들에게 양해를 구하고 오전에 진료를 받았어.

아이가 주사 맞는 걸 무서워하는 것 같아서 나도 아이가 보는 앞에서 예방주사를 맞았고, 안심한 아들도 주사를 맞았지. 다음날, 회의에 참석했어. 구성원들이 불안해하지 않게 아이의 컨디션이 나아지고 있다고 안심시켰어.

나의 일상은 회사에서 여러 업무와 검토 승인을 하고 나서 몇 시간 뒤에 가끔씩 아이들을 데리러 가. 늘 밝은 모습으로 아빠를 기다리는 아이들을 안아주고, 집에 오는 길에 혹시 답답했을까 봐 집 앞 놀이터에서 짧은 시간이나마 열심히 놀아줘. 놀이기구 모서리에 아이가 부딪칠까 봐 아이 옆에서 한여름에도 땀을 뚝뚝 흘리면서 모서리를 감싸고 있기도 해.

집에 도착해서 다시 짧게 회의를 해.

회의를 마치고 나면 아이들과 저녁을 먹고 함께 놀지. 장난감을 갖고 놀거나 책을 읽어주고 나서 아이들을 재워. 고요한 밤, SNS 및 링크드인을 켜서 오늘 하루 있었던 일을 정리해.

루디야드 키플링은 "신이 어디에나 함께하지 못하기에, 어머니를 만드셨다"는 말을 남겼어. 지금 시대에 그 말은 반은 맞고 반은 틀렸어. "신이 어디에나 함께하지 못하기에, 어머니와 아버지를 만드셨다" 라고 생각해.

물론 어머니의 사랑보다 더 큰 것은 없어. 그렇지만 내가 성장한 산업화 세대에서 아버지의 존재가 크지 않았다면, 지금 시대의 나와 같은 아버지들은 정말 열심히 가족과 함께하는 시간을 만들고 싶어해. 자식을 엄마에게만 맡기는 수동적인 아빠는 현대 사회에서는 더 이상 없어. 최소한 내 주변에서는 그래.

새로운 시대의 아버지들은 슈퍼우먼으로 불리는 어머니들만큼이나 자신의 방식으로 아이들을 지극정성으로 사랑하며 시간을 나누고 있어. 아낌없는 사랑을 주기 위해 로버트 그린의 말처럼, 오늘도 웃는 얼굴 속에 '굳은 강철 주먹'을 쥐고 살아가.

그 결과가 오롯이 가족들의 행복으로 이어질 때, 그제서야 잃어버린 시간 속의 '아버지의 존재'는 더 크게 인정 받고 각인되어 갈 것이라고 생각해.

현재 대한민국을 포함한 선진국의 저출산은 심각한 문제가 맞아. 출산율 0.7명이 실제로 의미하는 바를 한번 살펴볼까.

가령 1,000명의 인구가 '모두' 결혼한다는 가정 하에 500쌍이 각각 0.7명의 아이를 낳는다면, 한 세대에서 350명의 인구가 생겨나게 돼(한 세대 만에 1/3로 인구 증가율이 줄었어).

한 세대만 더 반복해보면 350명의 인구가 '모두' 결혼해서 175쌍이 되었다고 할 때, 두 세대 만에 새로 태어나는 인구는 88명이 되는 거야(1/10이 되었네). 그나마도 반올림해서 나온 숫자야.

역으로 생각하면 이 88명은 이제 은퇴 시기를 지나고 있는 노인 인구 1,000명을 지탱하는 생산적 역할을 담당해야 하겠지. 그야말로 극단적인 상황에 처해 있는 것이겠지.

그런 의미에서 최근 유튜브에 나온 "국가 소멸? 내가 힘든데 그게 중요한가요?"라는 영상은 우리에게 많은 시사점을 주고 있는 것 같아.

실제 생태계에서도 많은 생물들이 안전하지 않은 상황에서는 출산을 하지 않고 상황이 좋아진 후에 다음 세대를 계획하는 것을 보면, 어쩌면 지금은 상황에 대한 인류의 적응을 보여주고 있는지도 모르겠어.

이미 우리 사회에 팽배해진 '손실회피'를 고려할 때 이제는 결혼과 출산이 더 이상 플러스가 아닌 부담으로 작용하고 있는 것도 한 가지 이유라 할 수 있을 거야.

결혼과 양육은 단순히 비용뿐만 아니라 몇 년 간 많은 에너지와 자원을 요구하는 일이야. 눈앞에서 차선 하나 양보하지 않고 몇 초 아끼려고 무리하게 앞에서 끼어드는 지금의 우리가 과연 그런 손실을 감당할까?

나는 개인적으로 가족이든 또 다른 어떤 것이든 행복하게 사는 것과는 크게 상관이 없다고 생각해. 그렇지만 한편으로는 특별한 '경험'을 통해서만 느낄 수 있는 세상도 분명히 존재하는 것을 알아. 그래서 아내와 나는 아이들과 함께 사는 세상을 '선택'했어.

대한민국은 아직 아이 키우기가 정말 녹록지 않은 나라라고 생각해. 영국은 '미드와이프Midwife' 제도가 있어서, 출산 후 그분들이 정기적으로 가정을 방문하여 정서적 보살핌이나 필요한 도움을 줘.

그렇지 않더라도 '지역 돌봄District Nurse' 제도가 있어서 간호사 분들이 가정 방문하여 지역별로 필요한 의료 도움을 줄 수 있어. 물론 임신과정과 출산에 드는 모든 비용은 '전액 무료'야.

나는 스스로 양극화된 정치를 많이 걱정하고 태권도를 좋아하는, 나름 애국심 깊은 사람이라고 생각해. 내 가족과 아이들에게 당당하고 싶어서 유럽에서 의대를 졸업하고 국내에 들어와 29살에 군대에 현역 입대했지. 사단장 표창을 포함해 표창장과 임명장 7개를 받고 전역한, 내 나라를 너무나 사랑하는 사람이지.

그렇지만 현실은 정말 아이들을 잘 키우기가 쉽지 않은 구조라고 생각해. 아이를 마음놓고 낳고 기를 수 있도록 모든 시스템이 장기적인 관점에서 세심하게 조율되어야 해. 인구를 잘 유지하기 위한 정책이 있어야 하는데 아직까지 딱히 체감되지는 않아.

직장과 생활의 안정된 균형을 맞춘 지 벌써 5년이 넘어가네. 누군가 혹시 이 모든 경험을 뒤로 하고 다시 태어나도 아이를 낳을 것이냐고 묻는다면, 나는 대답할 거야.

"백만 번 다시 태어나도 나는 이 아이들을 낳고 키울 거야."

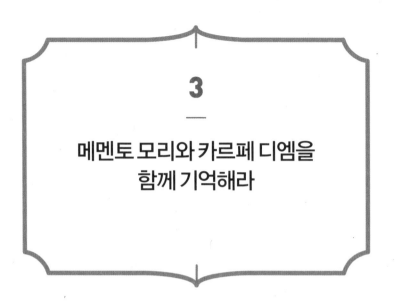

3

메멘토 모리와 카르페 디엠을 함께 기억해라

나는 운전하는 걸 참 좋아해. 대학 시절에도 사고를 낸 중고차를 헐값에 사서 의대 본과 내내 아르바이트를 했을 정도로 운전을 좋아했어. 당연히 차를 보는 것도 너무 좋아하지.

처음 3평 남짓한 공간에서 3명의 영국인 선배들과 함께 살았을 때도 침대 머리맡에 '포드 GT640 텅스텐' 사진을 붙여놓고, 언젠가 나도 저 차를 가진다(가질 거야는 단순한 희망사항이기 때문에, '가진다' 가 더 실효성이 높다고 해)라고 나에게 늘 각인시켰지.

지금도 그 목표를 향해 전진하고 있는데, 조금씩이지만 꿈이 가까워지는 것이 참 즐겁고 감사해.

오늘도 2시간 가까운 출근길을 열심히 운전하며 가고 있었어. 그때 옆 차선에 링컨 컨티넨탈이 보였지. 검은색 긴 리무진이 너무 마음에 들어 한참을 보는데 그 차가 나를 앞질러 지나갔어. 차의 뒤편에 '운구'라고 표시되어 있었지. 장례식 차였던 거야.

뜻밖에도 그렇게 좋아 보이던 차였지만 장례용 차라는 것을 알게 되었을 때, 나는 눈길을 거두었어. '죽음'이라는 무거움이 나를 순간적으로 경직시켰던 것이겠지.

법의학자이신 유성호 교수님은 최근 강의에서 현재에 집중하라, 오늘을 살아라라는 '카르페 디엠Carpe Diem'은 단독으로 사용해서는 안 되고, 반드시 '메멘토 모리Memento Mori' 즉 죽음을 기억하라는 말과 함께 기억되어야 한다는 명언을 하셨어.

단순히 현재를 즐겨라가 아닌, 늘 언제 찾아올지 모르는 죽음의 때를 기억하며 현재에 최선을 다해야 한다는 의미이지.

죽음은 언젠가 결국에는 누구에게나 찾아와. 그 피할 수 없는 엄숙한 진실이 있기에 우리에게 오늘은, 현재는, 곁에 있는 사람들은 더할 수 없이 소중한 거지.

잊지 마.
'카르페 디엠' '메멘토 모리'를.

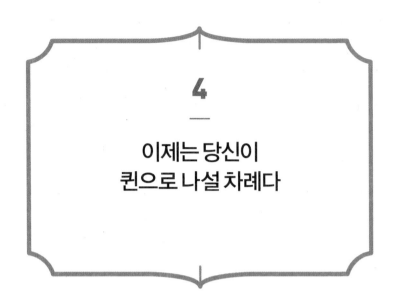

4

이제는 당신이
퀸으로 나설 차례다

"리더가 되기 전에 성공은 자신을 성장시키는 것입니다. 리더가 된 후에 성공은 다른 사람을 성장시키는 것입니다"라고 잭 웰치는 말했지. 나는 이 말에 깊이 공감해. 앞으로의 내 삶에 모토라고나 할까.

이제까지 모든 여정을 함께한 느낌이 어때?

하나의 긴 이야기가 끝난 것 같지 않아?

쉽지 않은 여정 속에서도 자신을 위해, 사랑하는 누군가를 위해 열심히 생활하고 있는 나와 같은 당신을 진심으로 응원해.

나에게는 정말 잊을 수 없는 멋진 경험이 하나 있어.

예전 제약 회사 입사 1년차에 있었던 일이야. 모든 영업사원들이 어려워하는 클라이언트 중에 지방 대학병원의 교수님 한 분을 뵈어야 했어. 학술적인 논문에 대한 데이터 프레젠테이션을 해야 했거든.

당시에 거의 3시간 반을 기차와 택시를 번갈아 타고 마침내 교수님을 만나게 되었어. 그런데 그 순간 그분은 다짜고짜 처음 보는 나에게 버럭 화를 내셨어. 회사의 개선해야 될 점들을 쏟아내셨지.

"당신들, 그렇게 해서는 안 되는 거야! 알아?"
"자료 가지고 오면 뭐해! 이런 점들은 생각도 안 해봤어?"
"다시는 여기에 얼굴 들이지 마!"

자리에 앉지도 못하고 한참을 서서 그 얘기(화)를 듣고 나왔어. 애써 내게 사과하시는 영업 지점장님께 괜찮다고는 했지만, 과연 내가 무엇을 바꿀 수 있을지 고민이 되었지.
돌아오는 기차 속에서 그분이 너무 화를 내시는 바람에 준비해간 프레젠테이션을 거의 못했다는 생각이 문득 들었어.

염치불구하고 다시 메일로 일정을 잡아 3시간 반을 달려 다시 갔어.
"왜 또 왔어? 얼마 전의 일 기억 안 나나?"
역시 쌀쌀맞게 대하셨지만 몇 분밖에 시간이 없다는 그분 앞에서 준비해간 논문의 요지를 최선을 다해 설명드렸어. 이후에도 진료실 앞에서 문전박대를 당하면서도 그분의 입가에 얼핏 미소가 스칠 때까지 몇 번이고 계속 방문을 했어.

하루는 부산에 학회가 있어서 학회장 앞 횡단보도에서 신호를 기다리고 서 있는데 누군가가 어깨를 세게 쳤어. 뒤돌아보니 그 교수님께서 웃으면서 "잘하고 있지? 잘해!"라고 말하고는 신호가 바뀌자 바쁘게 뛰어가셨지. 체크 정장에 운동화를 신은 그 뒷모습, 어깨를 칠 때의 그 전율을 잊지 못해.

나는 그 경험을 통해 그 마음이 진실하다면 아무리 불리한 상황에서도 좋은 관계를 맺을 수 있다는 것을 배우게 되었어. 또한 끈기는 재능보다 더 큰 가치가 있다는 것도 알게 되었지.

산전수전을 겪으며 이제 인생이라는 체스보드의 한쪽 끝에 도착해 '퀸Queen'이 된 당신은 이제 해야 할 역할이 있어. **예전의 우리와 같은 사람들에게** 조금이라도 도움을 줄 수 있는 사람이 되는 것이야.

그 사람은 사랑하는 가족이 될 수도 있고, 함께 일하는 동료나 더 크게는 매주 나가는 종교 단체나 커뮤니티, 이 사회가 될 수도 있겠지.
그 팀 안에서 종횡무진 내가 지나온 체스보드를 지나는 수많은 폰들을 도와서 퀸의 길로 안내하는 거야. 그것이 바로 영웅 없는 시대의 '슈퍼히어로'인 거야.

차가운 사회일수록 세상에는 '영웅'이 필요해. 그리고 나는 당신이 반드시 잘 해낼 수 있을 것이라고 믿어.

처음에 말했던 것처럼

"언제든 내가 당신을 도와줄게."

체크메이트_후회 없는 인생을 위한 2막 준비

"슬픔은 시간이 지날수록 작아지는 게 아니라, 슬픔의 크기는 그대로인 채로 우리가 커지는 거야."

인터넷에서 발견한, 참 공감이 가는 말이었어. 이 말처럼 인생을 후회 없이 사는 가장 좋은 방법은 "우리가 커지는 것"이야.

나는 아직도 이루고 싶은 꿈이 너무 많아.

언젠가 다양한 사람들이 서로의 불이 꺼지지 않도록 함께 응원해주고 서로의 성공 스토리를 나눌 수 있는 공동체를 만드는 것, 그리고 마음속 에너지가 사라져 불이 꺼져버린 사람들에게는 새롭게 불꽃을 피워주는 '파이로 스타터Pyro Starter'의 역할을 하는 것이 나의 꿈이야. 마음이 맞는 사람들과 함께 '에코스피어EchoSphere'라는 플랫폼을 통해 그 꿈을 함께 구축하고 싶은 것이 나의 목표야.

위대한 스토리는 변화를 만들어. 나는 이 책을 통해 오늘도 수없이 좌절하고 쓰러지는 인생이라는 체스보드의 폰들이 다시 일어서서, 한 칸 한 칸 앞으로 전진하기를 진심으로 응원해.

감사의 글

한 권의 책이 세상에 나오기까지는 수많은 사람들의 노력이 필요하다는 것을 알게 되었다. 그 어느 한 부분도 소홀히 할 수 없는 인고의 출간 과정은 마치 새로운 생명을 잉태하는 듯한 느낌을 주었다. 이 책은 그렇듯 무수히 많은 사람들의 노력과 눈물이 함께 이루어져 탄생한 하나뿐인 결과물이다. 그러한 면에서 내 글을 '원석'이라 격려해주시고, 책이 출간될 때까지 물심양면으로 도움 주신 새움출판사와 김수경 팀장님께 이 자리를 빌어 깊은 감사의 말씀을 드리고 싶다.

이 책을 펴내며 세상에서 가장 사랑하는 가족들에게 제일 먼저 기쁨을 전하고 싶다. 내 일생의 동반자이자 무너진 나를 일으켜 세운 사랑하는 아내 신혜화에게 이 책을 온전히 바치고 싶다. 아내가 없었다면 나는 책을 쓸 생각조차 하지 못했을 것이고, 서두에서 소개한 다이내믹한 삶의 여정도 없었을 것이다. 또한 내 쌍둥이 아이들 이주아, 이주찬은 어렵게 살아온 내 생명을 줘도 조금도 아깝지 않은 보물들이다. 내 남은 모든 삶과 에너지를 이 아이들이 살아갈 행복하고 평온한 세상을 준비하는 데 쓰겠다고 새겨 다짐했다.

그리고 사랑하는 아버지 신은식 님과 어머니 조혜경 님께 이 책을 바치고 싶다. 장인 장모이신 두 분의 사랑과 헌신으로 결혼 후 빠르게 안정을 찾을 수 있었다. 지금도 나는 처음 신혼생활을 시작했던 성남의 빌라 1층이 너무 그립고 행복한 기억으로 남아 있다. 또한 늘 응원해주었던 처제 선화, 제부 용선, 매제 성현이에게도 감사하다는 말을 전하고 싶다.

내게는 책에서 소개했던 아버지와 어머니 그리고 3명의 동생들이 있다. 말을 하면 그저 눈물만 나올 정도로 서로를 떠올리는 그 자체만으로도 너무나 아

더 퀴닝

프고 아련한 기억이지만, 부모님이 아니었다면 나는 그저 불량한 10대 소년에 멈춰 남은 생을 보냈을 수도 있었을 것이다. 지난 시간, 말로는 표현 못할 너무도 아프고 괴로운 시간을 오래도록 보냈지만 나는 두 분과 가족들이 남은 생을 누구보다도 행복하게 보내시기를 간절하게 바란다.

나는 책에서 말한 것처럼 철이 든 이후 싱가포르와 영국에서 무수히 많은 사람들의 따뜻한 마음과 도움으로 살아 남았다. 싱가포르 시절의 조용표 목사님, 해윤진 님, 함재광 님, 이상길 형님, 싱가포르 한인 교회 모든 분들, 먼 타국 영국의 의대 졸업식에서 부모님을 대신해주신 영국 코벤트리 한인교회 오원식 목사님과 강현숙 목사님, 오하림, 오하원 자녀들, 현순영 님, 영국 워릭 의대 동문들과 친구들에게 감사의 말씀을 전하고 싶다.

직장 생활에서 나를 한층 더 성장시켜준 노보 노디스크, 베링거 인겔하임, 다케다제약, 노바티스, GE 헬스케어의 모든 분들께 감사를 드리고 싶다. 특히 일의 완성도 외에도 내 삶에 큰 배움을 주었던 나의 글로벌 멘토인 Dr. Santosh Jha와 Dr. Amar Kureishi, Dr. Anna Hamada, Dr. Philippe Pinton, Dr. Phichai Kanitcharaskul, Dr. Carlos Eid, Dr. Ajay Tiku, Anchalee Chittawut, Dr. Bernard, Dr. Joshi, Dr. Garala, Dr. Tak, Dr. Brian Teo, John Zdon, Dr. Tony Pao, Dr. Sohit Anand, Dr. Vishnu Kumar, 이채희 님, 장현아 님, 이대희 님, 박상원 님, 심정호 님, 신현원 님, 이상진 님, 김완수 님, Dr.Claudio Spera, Anne Clemont, 마음으로 존경하는 김용덕 대표님에게 감사드린다.

더불어 20년 만에 다시 한국에서 만나 오랜 우정을 다시 잇게 된 서호규 님과 세계적인 호텔리어로 경력을 쌓고 있는 이한석(Matthias Lee Geoffroy)에게 꼭 고맙다는 말을 전한다.

또한 곽규호 목사님 김규림 목사님, 이현규 선생님을 포함한 분당우리교회 의 유년부와 중등부 모든 분들께 감사하다. 내가 살아온 삶이 누군가에게는 도 전의 기회가 될 수 있다는 것을 알게 해주었던 경험이 이 책을 쓰게 된 동기부여 가 되었다.

글로벌 네트워크 링크드인LinkedIn의 1만5천 명 이상의 인플루언서로서, 나는 내 40대의 삶에 고마운 영향을 준 분들이 꼭 이 책에 함께 기억되었으 면 좋겠다. 고운세상 코스메틱의 이주호 대표님, 멘토 라이브러리 대표이시자 전 이랜드 CHRO이신 전준수 대표님, 코스모스 브릿지의 윤호 대표님, 마이온 (MYOWN)의 류태섭 대표님, 풀무원 김지홍 상무님, 이너스 로지스틱스 허정현 대표님, 두바이의 한용경 대표님, K-BioX의 수장이신 리시연 교수님, 최정순 대 표님, 김기수 작가님, 이재호 작가님, 캐나다에 계신 권영희 님, 텍사스 휴스턴의 문준호(Tyson) 님, 전상희 대표님, 플랜 얼라이언스의 문경호 대표님, 김우재 작 가님, 변재일 님, 김재승 님, 말레이시아 KL의 김유리 님, 헤윰의 윤연선 대표님, Simplement의 대표이자 같은 육아 동지인 김구화 님, 김용수 부사장님(큰형님), CBS 김효은 기자님, 닥터디퍼런트 선지민 부사장님, 김미정 님, 바르코스 김채 원 대표님, 휴온즈 Justin Lee 이사 님, 싱가포르의 곽경희 님, 한종서 님, 한화 에 어로스페이스의 인선교 님, Ryan Lee 님, 박성하 님, 정현구 지휘자 님, 권준혁 님, 손정인 님, 김진 님, 은정 변호사님, Timothy Lee 부사장님, 이중대 님, 조윤서 님, 이유진 님, 유정은 님, 원혜리 님, 전현우 님, 오랜 동료 The Way company 김민경 대표님, 오미영 교수님, Erica Cheon 님, 임은정 대표님, IQVIA 이강복 상무님, 황인정 님, 변성근 님, 이상학 대표님, 문희원 코치님, 한성희 대표님, 임재민 님, 그 외 격려해주시고 응원해주신 모든 분들께 진심으로 감사의 말씀을 전한다.

마지막으로 꼭 해보고 싶었던 말이 있다.

"이 모든 영광을 우리 하나님 한 분께 드린다."

이대욱의 서재

"이 책들만큼은 꼭 읽어야 한다"

니시노 아키히로, 《꿈과 돈》, 다산 북스
로버트 기요사키, 《부자아빠 가난한 아빠》, 민음인
세스 고딘, 《린치핀》, 필름(Feelm)
세스 고딘, 《의미의 시대》, 알에이치코리아
스튜어트 다이아몬드, 《어떻게 원하는 것을 얻는가》, 세계사
야마구치 슈, 《뉴타입의 시대》, 인플루엔셜
엠제이 드마코, 《부의 추월차선》, 토트
치샨훙, 《대도: 더 크게 얻는 법》, 쌤앤파커스

추가로 참고할 만한 책들

자기 계발 / 인문학
게리 켈러, 《원씽(The One Thing)》, 비즈니스북스
나심 니콜라스 탈레브 《안티 프래질》, 와이즈 베리
나이토 요시히토, 《마음을 울리는 36가지 감동의 기술》, 지식여행
나폴레온 힐, 《당신은 반드시 성공할 것이다》, 토네이도
레일 라운즈, 《아주 작은 대화의 기술》, 현대지성
로런스 앨리슨, 《타인을 읽는 말》, 흐름출판
발타자르 그라시안, 《아주 세속적인 지혜》, 페이지2북스
브랜트 멘스워, 《블랙쉽》, 필름(Feelm)
사이토 다카시, 《일류의 조건》, 필름(Feelm)
스콧 영, 《울트라러닝》, 비즈니스북스
스티브 매그니스 《강인함의 힘》, 상상스퀘어
앤절라 더크워스, 《그릿》, 비즈니스북스
재닌 가너, 《인맥보다 강력한 네트워킹의 힘》, 트로이목마
제임스 클리어, 《아주 작은 습관의 힘》, 비즈니스북스

경제학 / 경제 지식
롭 무어, 《레버리지》, 다산북스
마크 마하니, 《기술주 투자 절대 원칙》, 리더스북
모건 하우절, 《돈의 심리학》, 인플루엔셜
보도 셰퍼, 《보도 섀퍼의 돈》, 에포케
브렌든 버처드, 《백만장자 메신저》, 리더스북
스탠 와인스타인, 《주식 투자 최적의 타이밍을 잡는 법》, 플로우

더 퀴닝

윌리엄 그린, 《돈의 공식》, 알에이치코리아(RHK)
제시 리버모어, 《투자의 원칙》, 페이지2북스
제프 그램, 《가장 사업처럼 하는 투자 주주행동주의》, 에프엔미디어
조엘 그린블라트, 《주식 시장을 이기는 작은 책》, 알키
테리 버넘, 《비열한 시장과 도마뱀의 뇌》, 다산북스
토비아스 칼라일, 《주식시장을 더 이기는 마법의 멀티플》, 에프엔미디어
피터 나바로, 《브라질에 비가 내리면 스타벅스 주식을 사라》, 에프엔미디어

리더십 / 조직 관리
김성회 외, 《팀이 일하게 하라》, 북스톤
김성회, 《우리는 강한 리더를 원한다》, 쌤앤파커스
로버트 그린, 《권력의 법칙》, 웅진지식하우스
리즈 와이즈먼, 《멀티플라이어》, 한국경제신문사(한경비피)
마이클 왓킨스, 《90일 안에 장악하라》, 동녘사이언스
스티븐 R 샬렌버거, 《그들은 어떻게 최고가 되었나》, 시그마북스
신시아 A. 몽고메리, 《당신은 전략가입니까》, 리더스북
조너선 레이먼드, 《좋은 권위》, 한스미디어
캐롤린 듀어, 스콧 켈러, 비크람 말호트라, 《세계 최고의 CEO는 어떻게 일하는가》, 토네이도
캐스 R. 선스타인, 《와이저》, 위즈덤하우스

마케팅 / 브랜딩
도널드 밀러, 《무기가 되는 스토리》, 윌북
라이언 다케시타, 《스탠퍼드는 명함을 돌리지 않는다》, 인플루엔셜
러셀 브런슨 《트래픽 설계자》, 윌북
러셀 브런슨, 《마케팅 설계자》, 윌북
세스 고딘, 《마케팅이다》, 쌤앤파커스
세스 고딘, 《보랏빛 소가 온다》, 쌤앤파커스
조나 버거, 《컨테이저스》, 문학동네

미래 패러다임
레이 달리오, 《변화하는 세계 질서》, 한빛비즈
레이 커즈와일, 《특이점이 온다》, 김영사
모건 하우절, 《불변의 법칙》, 서삼독
무스타파 술레이만, 《더 커밍 웨이브》, 한스미디어
스티븐 존슨, 《원더랜드》, 프런티어
앤드류 양, 《보통 사람들의 전쟁》, 흐름출판
에드 콘웨이, 《물질의 세계》, 인플루엔셜
유발 하라리, 《21세기를 위한 21가지 제언》, 김영사